广西师范大学海上丝绸之路研究丛书

智库成果系列

东盟留学生在华就业创业意愿调查报告

基于对滇黔桂三省区 303 名东盟
留学生的问卷调查与主题访谈

蒙志明 ／ 著

社会科学文献出版社
SOCIAL SCIENCES ACADEMIC PRESS (CHINA)

目 录

C o n t e n t s

一 引言

　　东盟与中国山水相连，是中国开展国际经济合作的重点对象，随着中国"一带一路"建设的深入发展，东盟国家与中国的交流往来日益密切。基于地缘、经济、政治因素，东盟与中国的关系在中国对外关系中具有牵一发而动全身的地位。也正因为如此，中国与东盟在全力推进相互经贸关系的同时，均将人文社会互动交流作为夯实经贸基础，建立政治互信的重要举措。派遣留学生赴中国留学就是中国—东盟人文交流合作的重要内容。近年来，随着中国经济社会实力的不断提升，中国市场的高成长性不仅对东盟企业形成强大吸引力，也对东盟青年产生巨大磁吸效应。东盟来华留学生在规模上呈现显著增长态势的同时，学成后在华就业创业也渐成常态。基于对东盟留学生在跨文化背景下在华就业创业所面对的社会适应、文化适应、心理适应等因素的考量，同时，基于对中国吸纳东盟留学生就业创业环境创设、政策改善的考量，广西师范大学创新创业学院在开展东盟留学生创新创业教育的基础上，充分利用学校东盟留学生资源丰富，与西南地区东盟留学生高校交流密切的优势，开展"东盟留学生在中国生活、学习及工作意愿"大型问卷调查，试图以科学认识的第一手资料形成有针对性的智库研究成果，为中国—东盟全方位合作提供智力支撑。

二 调研实施与样本情况

2018 年 11 月至 2019 年 1 月，广西师范大学创新创业学院与南宁师范大学（原广西师范学院）、广西民族大学、广西艺术学院、贵州理工学院、红河学院等 5 所大学合作，历时 3 个月开展了"东盟留学生在中国生活、学习及工作意愿"问卷调查。问卷虽然主要由东盟留学生赴中国"生活、学习、就业创业"三个板块 60 个问题构成，但调研的侧重点在东盟留学生在华就业创业意愿方面。

本次调研共发放问卷 313 份，回收有效问卷 303 份，回收率为 96.8%。样本中男性 97 人，占样本总体的 32%，女性 206 人，占样本总体的 68%。已婚 23 人，占样本总体的 7.6%，未婚 280 人，占样本总体的 92.4%。其中本科生 265 人，占样本总体的 87.5%，硕士研究生 35 人，占样本总体的 11.5%，博士研究生 3 人，占样本总体的 1%。汉语水平方面，一级人数 8 人，占样本总体的 2.6%，二级人数 1 人，占样本总体的 0.3%，三级人数 63 人，占样本总体的 20.8%，四级人数 178 人，占样本总体的 58.7%，五级人数 42 人，占样本总体的 13.9%，六级人数 11 人，占样本总体的 3.6%。样本包含越南留学生 110 人，占样本总体的 36.3%，泰国留学生 98 人，占样本总体的 32.3%，老挝留学生 56 人，占样本总体的 18.5%，印度尼西亚留学生 28 人，占样本总体的 9.2%，柬埔寨留学生 7 人，占样本总体的 2.3%，马来西亚留学生 4 人，占样本总体的 1.3%。菲律宾、新加坡、文莱和缅甸这四个国家的留学生样本均未涉及。样本所属专业涵盖大数据采集与管理类、工商管理类、财务金融类、外语类、舞蹈类、电子信息工程类、制药工程类、国际教育类、土木工程类和水利电力工程类等近20个专业。

就样本代表性而言，本报告认为，处于在校学习阶段的东盟留学生会比已经走向社会步入工作岗位的东盟青年群体面临更大的就业创业压力，其就业创业的心理意愿也相对更强。因此，本报告选取留学生群体作为东盟青年的代表样本，将更符合研究需要。样本基本信息见表1。

表1 样本基本信息①

样本特征		人数	百分比（%）
性别	男	97	32
	女	206	68
婚否	已婚	23	7.6
	未婚	280	92.4
学历	本科	265	87.5
	硕士	35	11.5
	博士	3	1
汉语水平	一级	8	2.6
	二级	1	0.3
	三级	63	20.8
	四级	178	58.7
	五级	42	13.9
	六级	11	3.6
地区	马来西亚	4	1.3
	印度尼西亚	28	9.2
	泰国	98	32.3
	菲律宾	0	0
	新加坡	0	0
	文莱	0	0
	越南	110	36.3
	老挝	56	18.5
	缅甸	0	0
	柬埔寨	7	2.3

续表

样本特征		人数	百分比（%）
专业	大数据采集与管理	13	4.3
	电气工程	1	0.3
	钢琴演奏	1	0.3
	工程管理	2	0.7
	工程造价管理	1	0.3
	工商管理	2	0.7
	汉语国际教育	32	10.6
	汉语言文学	219	72.3
	计算机	1	0.3
	经济学	2	0.7
	旅游管理	4	1.3
	商务英语	4	1.3
	土木工程	10	3.3
	水利电力工程	3	1
	企业管理	2	0.7
	舞蹈	2	0.7
	舞蹈编导	1	0.3
	制药工程	2	0.7
	新闻学	1	0.3

注：①表中未注明资料来源的均为调查所得，下同。

三 东盟留学生在中国生活适应、学习情况及就业创业意愿描述性统计

（一）东盟留学生在华生活适应情况

在生活方面，就受访者所在的东盟国家而言，其与广西存在一定程度上的相似性。整体来看，适应中国生活的东盟留学生人数占总样本数的 56.44%，有 41.25% 的受访者对是否适应中国生活持一般态度，不适应者仅占 2.31%。根据问卷统计结果分析认为，在"比较影响"和"非常影响"东盟留学生在华生活的诸多因素中，熟练使用汉语条件是东盟留学生在华生活的首要考虑因素，占比达 51.49%，其次是人际关系占 48.84%，饮食、气候、环境分别占 44.88%，思念亲人占 42.24%，城市交通占 40.92%，住宿条件占 39.60%，经济压力占 38.94%，举办留学生本国节日活动占 33.33%，宗教习惯占 31.02%。能否熟练掌握汉语的听说读写能力是决定东盟留学生在华生活质量的重要因素，由于东盟国家语言与汉语存在明显差异，因而语言交流上的障碍会导致东盟留学生在华较难展开顺畅和谐的人际交往活动，成为影响东盟留学生在华生活的现实难题；同时，对于亲人的思念和在饮食、气候、环境等方面的不适应显示出家庭支持和饮食及生活习惯对东盟留学生在华生活产生关键影响。中国实行改革开放四十多年来，中国社会各方面都取得了较快的发展，其在道路交通运输等方面的发展成就尤其显著，不过城市交通与住宿条件两者的影响因素

所占比例，依然反映出东盟留学生对中国城市出行方式和住宿方式的接受存在困难。多年来，中国政府为在华留学生提供了丰厚的奖学金，在此基础上各级政府也为东盟留学生提供了便利的学习生活条件，因此从东盟留学生选择经济压力作为影响因素的比例偏低这一情况也可以看出，经济压力并未成为东盟留学生的最主要考虑因素。文化人类学家奥贝尔把以上各方面不适应的现象概括为"文化休克"。他认为，文化休克就是当移民群体在融入一个新的社会环境中时，因为不熟悉对方的社会生活方式而产生的一种无所适从感与焦虑感。因此可以认为，东盟留学生在华生活过程中还是出现了不同领域、不同程度的"文化休克"反应。

良好的人际关系可以帮助治疗文化融入者的"文化休克"症状。因此，人际关系对于东盟留学生在华生活的适应情况有着关键的影响，进一步探寻影响人际关系的因素对于理清东盟留学生在华生活状态和心理状况有着重要意义。问卷数据显示，东盟留学生受情感理解和文化差异方面的影响较大，占比最高的是理解中国朋友的真实情感，其比例为44.55%，其次是文化差异占38.94%，共同爱好占36.96%，价值观占36.63%，经常参与社交活动占33.99%。结果表明，东盟留学生无法很好通过与中国学生交流来明确获取情感信息，结合受访者在华生活的影响因素来看，语言交流的障碍或许有着至关重要的影响。

近年来，中国的互联网技术发展迅速，大学校园的生活方式不仅发生了巨大的变化，而且也影响了在华生活的东盟留学生。具体而言，在"适应"与"非常适应"的视角下，移动支付（如支付宝、微信支付等）是留学生最为适应的生活方式，占比高达87.13%，网购平台（淘宝、京东、亚马逊等）占70.96%，交友软件（微信、QQ、微博等）占70.30%，外卖（饿了么、美团外卖等）占48.51%，滴滴打车、共享单车等占47.52%。全球信息技术不仅在国外，在中国也得到了广泛的普及。总体来看，东盟留学生较好地适应了互联网时代下便捷的生活方式，但是，相比于移动支付、网购平台和交友软件，东盟留学生在外卖和滴滴打车、共享单车上的选择比例较低。另外，从东盟留学生每月的生活费用来看，受访者的选择普遍集中在 2000 ~ 3000 元之间，占 63.70%，仅有 6.93% 的受访者每月的学习生活费用超过 3000 元（见表 2）。

表 2　东盟留学生在华生活适应情况

项目	选择	百分比（%）
中国生活的适应性（单选）	比较适应至非常适应	56.44
	一般	41.25
	较不适应至不适应	2.31
中国生活影响因素（比较影响至非常影响）（多选）	熟练使用汉语	51.49
	人际关系	48.84
	饮食、气候、环境	44.88
	思念亲人	42.24
	城市交通	40.92
	住宿条件	39.60
	经济压力	38.94
	举办留学生本国节日	33.33
	宗教习惯	31.02
生活费用（单选）	1000 ~ 2000 元	11.88
	2000 ~ 3000 元	63.70
	1000 元	17.49
	3000 ~ 4000 元	3.96
	4000 元以上	2.97
互联网时代生活方式适应性（适应至非常适应）（多选）	移动支付（如支付宝、微信支付等）	87.13
	交友软件（微信、QQ、微博等）	70.30
	网购平台（淘宝、京东、亚马逊等）	70.96
	外卖（饿了么、美团外卖等）	48.51
	滴滴打车、共享单车等	47.52
中国人际交往影响因数（比较影响至非常影响）（多选）	理解中国朋友的真实情感	44.55
	文化差异	38.94
	共同爱好	36.96
	价值观	36.63
	经常参与社交活动	33.99

（二）东盟留学生在华学习情况

调查显示，东盟留学生在华学习存在一定的困难，仅有 14.52% 的受访者认为学习容易至非常容易，而有 36.30% 的受访者认为困难至非常困难，还有 49.17% 的受访者持一般态度。从影响因素来看，学习氛围占 46.53%，课程安排占 44.22%，两国（双边）教学方式差异占 43.89%，语言障碍占 43.89%，奖学金占 42.90%，学校的管理力度占 42.24%，学校的教学设备占 36.96%。整体而言，东盟留学生在华学习的各种影响因素所占比例均比较接近，相比于教学硬件设施，东盟留学生更加关注教学质量。虽然大部分受访者认为学习存在一定难度，但是仍有 47.52% 的东盟留学生愿意参与学校组织的学术、竞赛活动，还有 46.53% 的受访者持中立态度，而明确不愿参与的受访者仅占 5.94%。可见，大多数东盟留学生愿意参加学校的学术、竞赛活动，而此类活动须有知识的积淀和团队协作精神（见表 3）。

表 3　东盟留学生在华学习情况

项目	选择	百分比（%）
在华学习困难度（单选）	一般	49.17
	困难至非常困难	36.30
	容易至非常容易	14.52
在华学习影响因素（比较影响至非常影响）（多选）	学习氛围	46.53
	课程安排	44.22
	两国（双边）教学方式差异	43.89
	语言障碍	43.89
	奖学金	42.90
	学校的管理力度	42.24
	学校的教学设备	36.96
参与学校组织的学术、竞赛活动的意愿（单选）	愿意至非常愿意	47.52
	一般	46.53
	不愿意至非常不愿意	5.94

四　东盟留学生在中国就业创业意愿

随着改革开放的步伐越来越快，中国呈现越来越开放的格局，社会大环境的巨大改善也吸引着越来越多的海外留学生来华学习、生活以及工作。大量在华留学生的毕业去向、就业创业问题值得我们关注。调查显示，如果不考虑时间因素，东盟留学生愿意至非常愿意在中国就业创业的样本数占总样本数的47.19%，不愿意至非常不愿意的仅占13.53%，一般态度的比例为39.27%。循及其意愿影响因素，中国快速发展是最大动因，影响比例高达67.33%；其次是中国与留学生所在国家的关系、"一带一路"建设的政策激励，其影响比例分别为59.41%和43.89%；中国工资待遇、福利政策作为福利待遇因素的影响程度分别达到49.83%和46.20%；家庭支持和人际关系作为情感支持影响程度分别达到49.50%和44.88%。如果考虑东盟留学生是否在中国创业，以下因素将对其决定产生影响，影响程度依次为：中国市场竞争很大，占比为61.39%；中国学生实力强，占比为53.80%；中国和东盟留学生的国家交流情况，占比为48.84%；所学专业在中国工作前景明朗，占比为44.88%；中国交通与环境问题，占比为41.58%；而语言障碍作为最根本的影响因素，对东盟留学生而言影响程度比较低，仅占41.25%，从侧面反映了东盟留学生的汉语或英语沟通能力较强；家庭因素占39.93%；生活成本占38.61%；中国和东盟留学生本国的国家意识形态不同占35.64%，和中国学生不同的教育背景占30.69%，中国职场惯例影响最低，仅占30.36%。

就东盟留学生在中国的就业创业地域选择与薪资待遇、行业、单位的预期和如何获取就业创业信息等方面看，东盟留学生对中国发达地区和中等发达地区有着比较高的就业创业意愿，其中34.65%的东盟留学生选择前往发达地区就业创业；基于多方面的考虑，选择在中国中等发达地区就业创业的比例最高，高达51.16%；而不发达地区和无地域要求依次占比5.28%和8.91%。其次，从留学生对其薪资待遇的期望水平来看，其因学历层次和专业分布等而对薪资期望呈现的差异不大，其中期望年薪20万～40万元人民币的样本数占比最高，为37.95%；紧随其后的期望年薪为10万～20万元人民币，样本占比为33.33%；16.17%的受访东盟留学生期待年薪在40万元人民币以上；期望年薪在6万～10万元人民币的占比最低，为12.54%。在行业种类选择意愿上，东盟留学生更倾向于翻译、文化旅游业、国际贸易等行业，占比分别为21.78%、20.79%、13.53%；其次是学校医院等事业单位占比为11.55%；制造业占7.92%；电子信息业占6.11%；其他占5.61%；自主创业，具体行业根据市场决定占比为4.79；地产金融业占4.62%；此外，东盟留学生对于包括律师、会计师、审计师等在内的新兴金融服务行业以及餐饮业表现出较低的就业创业意向，两者相加仅占3.30%。结果显示，多数受访者倾向于就业而非创业，其中自主创业，具体行业根据市场决定所占的比例为4.79%。在期望就业单位选择意愿上，东盟留学生偏向于以下四种类型单位就业：留学生国家在中国投资的企业、中外合资企业、其他外商独资企业、中国国有企业，所占比例分别为28.88%、22.28%、19.47%、15.35%，其中以留学生本国在中国投资企业的偏向最为突出。选择中国民营企业及行政事业单位的比例最低，分别占7.26%和6.77%。在互联网高速发展的时代背景下，就业信息的发布形式更加多样，求职者收集招聘信息的渠道越来越广阔。在受访的东盟留学生群体中，高达25.63%的东盟留学生选择同学、老师、亲友介绍；其次有19.36%的东盟留学生选择通过中国网站；而留学生本国国内的网站成为东盟留学生获取求职信息的第三位次选择，占16.94%；自媒体或者社交平台占12.32%；电视、广播、报纸等传统媒介占 10.12%；招聘会作为传统招聘渠道却未被东盟留学生所重视利用，仅有 8.03% 的东盟留学生选择通过招聘会来获得在华就业创业机会；另有 7.59% 的东盟留学生选择其他（如商业性中介等）方式来获取就业创业信息。东盟留学生认为中国各级政府需要为其提供的就业创业帮助中，下述可复选选项结果显示，为东盟留学生提供较好的住房、养老和医疗保障，创造公平公正的社会环境是最主要的需求，所占比例为 30.17%，其余所需要的各种帮助及其所占比例依次为：为东盟留学生提供实习实践机会，占比为 27.63%；14.41% 的东盟留学生认为其在本国国内获取的职业资格在中国能得到认可，不需要在中国另外考试；14.24% 的东盟留学生认为有必要设立专门针对东盟留学生创业的培育平台（孵化器）；13.56% 的东盟留学生认为需要设立东盟留学生创业扶持基金，提供创业贷款。从东盟留学生国家需要为留学生在中国就业创业提供的帮助方面看，东盟留学生认为与中国维持友好合作关系，为留学生在中国工作提供良好的国际关系背景最为重要，占比高达 25.89%；其次是与中国开展经常性的青年文化交流，促进双边青年的相互了解，占比为 20.47%；国家出面与中国协商，为留学生争取学习期间的实习实践机会，适应中国就业创业环境占比为 15.97%；与中国合作，在中国设立产业合作园区，以国家名义推荐东盟留学生在中国工作占 14.57%；13.64% 的东盟留学生认为需要与中国签署双方就业资格互认协议；最后是为留学生在中国创业提供创业扶持基金，仅占 9.46%。

近年来，随着电子互联网的普及发展，电子商务大大缩小了世界的距离，尤其是跨境电子商务的兴起，国与国之间的贸易合作变得十分方便快捷，促进了双边关系的稳定和发展。问卷调查显示，东盟留学生如果考虑不在中国工作，回国从事与中国的跨境电子商务这一选项中，愿意至非常愿意的占 51.49%，不愿意至非常不愿意的仅占 5.94%，一般态度的比例为 42.57%。东盟留学生如若不在中国工作，愿意至非常愿意参与学校开设的电子商务课程的样本数占样本总数的 54.13%，不愿意至非常不愿意的仅占 4.62%，持有一般态度的占 41.25%（见表 4）。由此可见，多数东盟留学生来华学习、生活提高了汉语交流技能，比较倾向于与中国往来贸易相关的工作。

表 4　东盟留学生在中国就业创业意愿

项目	选择	百分比（%）
在中国就业创业意愿（单选）	愿意至非常愿意	47.19
	一般	39.27
	不愿意至非常不愿意	13.53
决定在中国就业影响因素（比较影响至非常影响）（多选）	中国快速发展	67.33
	中国与留学生所在国家的关系	59.41
	中国工资待遇	49.83
	家庭支持	49.50
	福利政策	46.20
	人际关系	44.88
	"一带一路"建设	43.89
决定在中国创业影响因素（比较影响至非常影响）（多选）	中国市场竞争很大	61.39
	中国学生实力强	53.80
	中国和留学生所在国家交流情况	48.84
	所学专业在中国工作前景明朗	44.88
	中国交通与环境问题	41.58
	语言障碍	41.25
	家庭因素	39.93
	生活成本	38.61
	中国和留学生所在国家的意识形态不同	35.64
	和中国学生不同的教育背景	30.69
	中国职场惯例	30.36
中国就业创业地域选择（单选）	中等发达地区	51.16
	发达地区	34.65
	无地域要求	8.91
	不发达地区	5.28

项目	选择	百分比（%）
期望年薪（单选）	20万~40万元	37.95
	10万~20万元	33.33
	40万元以上	16.17
	6万~10万元	12.54
期望就业行业（限选两项）（单选）	翻译	21.78
	文化旅游业	20.79
	国际贸易	13.53
	学校医院等事业单位	11.55
	制造业	7.92
	电子信息业	6.11
	其他	5.61
	自主创业，具体行业根据市场决定	4.79
	地产金融业	4.62
	包括律师、会计师、审计师等在内的新兴服务业	1.98
	餐饮服务	1.32
期望就业单位（限选两项）（单选）	留学生国家在中国投资的企业	28.88
	中外合资企业	22.28
	其他外商独资企业	19.47
	中国国有企业	15.35
	中国民营企业	7.26
	行政事业单位	6.77
获取就业创业信息渠道（限选三项）（单选）	同学、老师、亲友介绍	25.63
	中国网站	19.36
	留学生国家的网站	16.94
	自媒体或者社交平台	12.32
	电视、广播、报纸等传统媒介	10.12
	招聘会	8.03
	其他（如商业性中介等）	7.59

续表

项目	选择	百分比（%）
中国各级政府需要为东盟留学生提供的就业创业帮助（多选）	为东盟留学生提供较好的住房、养老和医疗保障，创造公平公正的社会环境	30.17
	为东盟留学生提供实习实践机会，适应中国创业环境	27.63
	东盟留学生的职业资格在中国得到认可，不需要在中国另外考试	14.41
	设立针对东盟留学生创业的培育平台（孵化器）	14.24
	设立东盟留学生创业扶持基金，提供创业贷款	13.56
东盟留学生国家需要为留学生在中国就业创业提供的帮助（多选）	与中国维持友好合作关系，为留学生在中国工作提供良好的国际关系背景	25.89
	与中国开展经常性的青年文化交流	20.47
	国家出面与中国协商，为留学生争取学习期间的实习实践机会，适应中国就业创业环境	15.97
	与中国合作，在中国设立产业合作园区，以国家名义推荐留学生在中国工作	14.57
	与中国签署双方就业资格互认协议	13.64
	为留学生在中国创业提供创业扶持基金	9.46
不在中国工作，回国后从事与中国的跨境电子商务（单选）	愿意至非常愿意	51.49
	一般	42.57
	不愿意至非常不愿意	5.94
不在中国工作，参与学校开设的电子商务课程意愿（单选）	愿意至非常愿意	54.13
	一般	41.25
	不愿意至非常不愿意	4.62

五 东盟留学生主题访谈情况

基于问卷内容的客观制式特点，为了解更多个性化看法和观点，以便对问卷内容进行补充延伸，在对东盟留学生进行问卷调查时，同时进行了主题访谈。访谈的主题有两个：一是了解东盟留学生在中国的生活、学习、工作时的整体感受情况；二是了解东盟留学生在中国求职时的诉求。具体来说，前者是为了研究东盟留学生对中国社会的整体印象，后者是为了更好地研究东盟留学生在中国求职时需要的具体帮助。通过主题访谈发现，虽然多数东盟留学生认为在习俗、饮食文化、气候方面都存在差异性，但是大多数留学生对中国的整体印象较好，认为中国经济发展较好。此外，在中文的语言学习上，大多数东盟留学生认为比较困难。而在中国求职时的诉求方面，也更加值得我们关注（见表5、表6）。

表 5　东盟留学生在中国生活、学习、工作的感受

分类	焦点感受	占比（%）
社会层面	中国社会经济较为发达，衣食住行便利	67.33
	气候差异、饮食文化、习俗差异较大	44.88
个人层面	中文难懂、难学，日常沟通较为困难	43.89
	生活不太适应	43.56

表 6　东盟留学生在中国求职时希望得到的帮助

分类	个人焦点诉求	占比（%）
服务引导	希望得到中国老师、朋友、同学的正确引导	20.93
	有利于发展的培训机会	7.56
	提供实现自我价值的岗位和平台	8.72
奖助保障	提供住房安置等福利	3.90

　　表5、表6统计结果是根据问卷中客观题与主题访谈中的实际情况相结合得到的数据。可以看出，表6中所得到的百分比数据较小，这是由于303份有效问卷中，有172份问卷的受访者正面回答了第二大模块的访谈内容（见访谈附录），剩余131位受访者没有给出正面回答（其中主要原因是这部分留学生毕业后没有计划在中国就业创业，所以没思考过此类问题）。

　　基于上述访谈结果，可以初步将东盟留学生对中国的感受分为两个层面：社会层面和个人层面。社会层面是基于社会现象来界定，而个人层面则侧重于个人具体的情况来界定，也就是从社会和个人两个层面来研究东盟留学生在中国学习、生活及工作的感受。针对东盟留学生在中国就业创业时的求职诉求，基于公共政策的属性划分，本研究将东盟留学生的诉求划分为"服务引导"和"奖助保障"两大类。具体来说，前者是指为东盟留学生提供就业创业方面的专门服务，包括业务培训、政策解读、专业指导以及环境创设等；后者是指为东盟留学生在华就业创业提供扶持资金、住房安置、医疗保险等社会保障。

　　根据主题访谈结果，我们尝试从中国与东盟的社会发达程度差异、东盟留学生的现实需求和国家认同方面予以分析，以便为吸引东盟留学生来中国就业创业的决策提供一定的科学依据。

（一）中国良好的经济发展水平与发展趋势是促使东盟留学生在华发展的最主要原因

　　在主题访谈中，我们发现，在接受访问的303名东盟留学生中，仅有约

43.23%的东盟留学生完全没有在中国就业创业的意愿，超过半数的东盟留学生具有较强的在华就业创业意愿。此外，我们发现有67.33%的东盟留学生主动指出中国社会的经济相对于自己国家来说较为发达，衣、食、住、行比较方便，很多留学生表示他们很喜爱中国。从问卷数据中可以发现，到中国学习的东盟留学生主要来自泰国、老挝、越南等经济相对不发达的国家。

研究数据表明，中国在2017年的GDP总量相比1996年增长了13倍，数额达到122503亿美元，同年东盟十国GDP总额为27666亿美元，从占比来看只有中国的22%；而且东盟国家人均GDP不足中国水平的一半，可知东盟国家近年经济发展水平相较于中国仍有较大差距。不只是良好的发展现状，中国从长远来看依然强劲的发展态势也是持续吸引东盟留学生来华发展的重要内在驱动力。虽然在10个东盟国家中，马来西亚、文莱和新加坡的人均GDP高于中国，但三国的总人口约为3800万，仅占东盟总人口的5%。因此，与中国相比，东盟仍有大约95%的人口处于相对落后的生活水平。反观中国，改革开放40年的巨大成就使其成为具有全球影响力的工业大国和贸易大国，俨然成为全球最重要的"经济发动机"。此外，制造业成为当前中国发展的支柱产业，中国也具有较为完备的工业体系。未来几年，中国即将通过新一轮的科技创新来引领经济持续稳定增长。

在发展速度如此惊人的中国，事实上，许多留学生并没有把自己当成"过客"，而是一方面将在中国留学的经历看成自己发展的资本和寻求未来机遇的准备，另一方面想方设法学习中国的技术、科学和语言，争取将来在中国能有发展的一席之地。因此，面对快速发展的中国，东盟留学生在华长期发展的意愿相对较高。

（二）国家生活环境之间的显著差异是影响东盟留学生在华发展的总体环境因素

在主题访谈中，当留学生被问及自己国家的"气候、饮食文化、习俗与中国是否有差异"时，接近半数的东盟留学生认为差异较大。43.56%的留学生表示不太适应中国的社会生活，特别是没有计划在中国就业创业的留学生，大多数给出的回答是与自己国家的居住环境差异较大，不适应中国社会的生活。由此可以看出，生活环境差异较大深刻影响着东盟留学生在华就业创业的意愿，直接降低了其在华长期发展的意愿。此处所指"生活环境"，是包含自然环境与社会文化环境在内的广义概念，下面将以这一概念为基础来探讨东盟与中国在生活环境上的差异。

东盟国家与中国处在不同的地理区域之中，因而在自然环境、文化习俗、生活方式等方面存在较大差异。不同国家的人们往往有着不同的饮食习惯、爱好及生活方式。以柬埔寨为例，该国地处热带区域，气候呈现全年高温多雨的特征，并由此导致当地民众习惯于纱笼这一特色着装，而这种服装对于大多数中国民众而言就显得较为特殊。通过上述案例便可一窥中国与东盟国家在生活方式上的不同之处。东盟国家民族众多，各民族经过漫长的生活演变与社会发展，逐渐形成了特征各异、特色鲜明的文化传统、风俗习惯，在吃、穿、用、住、行等方面均有不同特点。就节日习俗而言，如柬埔寨的送水节、老挝的拴线仪式等，都是中国传统节日里面所不具备的。此外，东盟多数国家都有信仰宗教的社会文化传统，其中伊斯兰教与佛教的传播广度与影响深度较大，也有民间信仰小众宗教或者多元宗教在同一国家共存发展等情况出现。以老挝为例作一说明，大多数老挝民众信仰佛教，宗教规制对其生活礼仪影响深远，比如熟人问候要用合十礼，认为人的双脚是不洁之物，与人相坐时不能露出脚底或者鞋底，否则会被认为不敬。不过，中国社会历来缺少尊奉宗教的文化传统，民众大多不信教，对一些宗教禁忌缺乏认知与了解，这就产生了双方在文化习俗上的差异。因此，许多东盟留学生，特别是信仰宗教的留学生更具有个人的生活风格。在此次主题访谈中，就有个别留学生主动提出希望在中国能自由参与伊斯兰教的活动。

由此可以发现，生活环境的不同使得东盟与中国在饮食习惯、宗教信仰、文化习俗等方面存在着客观差异，造成了许多东盟留学生在自然环境与社会文化环境等多方面的不适应，并直接造成许多东盟留学生对在华长期发展的意愿降低。

（三）中文学习难度较大是阻碍东盟留学生在华长期发展的语言因素

在主题访谈中，我们发现当问及"在中国的生活、学习、工作最大的感受"时，有高达 43.89% 的同学认为"中文难懂、难学，日常沟通较为困难"。在访谈中，有部分留学生甚至提出希望自己身边的老师和同学跟自己用英语交流。结合问卷中的数据，我们可以发现 82.4% 的东盟留学生汉语水平仅有四级及以下的水平，汉语水平普遍不高，如果计划在中国长期发展将面临双方语言沟通不畅的交流障碍。

目前，东盟留学生学习汉语没有统一的课本。他们学习汉语的课本种类繁多，教学内容有生活类的、商务类的以及考试类的。所以在有些情况下，不熟悉汉语教材分类而导致本来要学习生活汉语的留学生却在学习商务汉语，增加了他们的语言学习难度，进而致使很多东盟留学生降低了学习汉语的信心。此外，很多东盟国家并没有把汉语作为升学考试的必修课程，所以在缺乏升学压力的情况下，东盟留学生学习汉语并没有很大动力，这也给他们后续在华生活造成了困难。汉语难学、难懂以及随之而来的东盟留学生与中国人的日常沟通困难，这在一定程度上成为很多留学生在华长期发展的制约瓶颈，导致一部分东盟留学生在华长期发展的意愿不强烈甚至完全没有意愿。

（四）东盟留学生抱持的"自尊"心态是抑制其在华发展意愿的心理因素

大多数有在华求职意愿的东盟留学生还是想通过自身的努力获得生活的保障。在问及受访者"在中国求职希望得到哪些帮助"时，仅有 3.90% 受访者回答的焦点在住房等直接福利上，而有 37.21% 的受访者重点在提供自身长期发展的保障上。其中包括 20.93% 的受访者"希望得到中国老师、朋友、同学的正确引导"，另外有 16.28% 的受访者希望中国政府"提供实现自我价值的岗位和平台""有利于发展的培训机会"。由此可以看出，大多数东盟留学生更倾向于通过自身努力来获取在中国的发展优势，而并非依靠政府提供某些明显带有直接"补助"性质的优惠政策来实现个人发展。而相对于留在中国，许多留学生认为回国发展更能实现自我价值，满足其"自尊"心理需求，并在本国内的特定行业有所建树，这就使得部分东盟留学生在中国长期发展的意愿受到了阻碍。

（五）东盟留学生对中国—东盟政治经济关系认识不清晰是制约其在华发展意愿的政治认知因素

在主题访谈中我们发现，许多东盟留学生并不了解中国—东盟的政治经济关系。对中国—东盟政治关系认识上的不深刻，也制约着东盟留学生对相关政策的认同。中国与东盟在 2003 年建立了战略伙伴关系，在 2018 年双方提出要在智慧城市、"互联网＋"等新兴高科技领域展开深度合作，并决定将 2019 年定为中国—东盟媒体交流年，旨在继续扩大双方的交流合作领域与力度，增进双方民众福祉。中国在构建中国—东盟的良好关系中做出了积极的努力，如加大双方合作过程中的资金扶持、设立专业的基金管理工作团队等。此外，中国特别针对东盟出台了中国—东盟自贸区关税优惠政策，其中设定了中国—东盟自贸区协定税率，该税率规定凡是符合双方进出口规则的货物均可享受到最低至零关税的税收优惠待遇。以上活动与政策对于东盟在华留学生都是很好的福音，但是在校的东盟留学生对于这类政策普遍不太了解，甚至是完全不清楚，严重制约着他们在华就业创业的意愿。这也是东盟留学生对于东盟与中国之间国际关系与交流合作认知欠缺导致的现实问题，东盟留学生应该抓住历史机遇与政策利好，为自己在华长期发展创造条件。

六 东盟留学生在华就业创业的主要关注面向与政策诉求

由问卷结果可知，东盟留学生在华就业创业的主要关注面向可从国家层面与个人层面来分析。从国家层面来看，中国社会经济的快速发展、与东盟国家良好的外交关系、中国国际影响力的不断提升等都使得东盟留学生对中国持有好感与信任，愿意将其作为就业创业发展的目标国家；从个人层面来看，赚取更多薪资、日常生活有制度保障、人际关系和谐等是东盟留学生从个体视角出发选择就业创业地区的关注点，体现了东盟留学生对个体未来发展的重视。与此同时，东盟留学生关于在华就业创业的政策诉求也可从两方面探讨。一是对中国政府的政策诉求，主要集中在保障个体权益领域；二是对留学生本国政府的政策诉求，主要集中在促进与中国关系与交流合作等方面。下面将从东盟留学生的关注面向与政策诉求两方面分别加以阐述。

（一）关注面向

从问卷结果来看，决定东盟留学生在中国就业创业的因素中，"中国发展很快""中国与留学生所在国家的关系""'一带一路'建设"等可看作其在国家层面的关注点，所占比例依次为 67.33%、59.41%、43.89%。近年来，中国实行改革开放政策取得的巨大成就不断凸显，经济总量位居全球第二，GDP 增长速度位居世界前列，综合国力显著提升，在政治、经济、社会、文化、生态建设等方面取得了长足进步并得到国际社会广泛关注与认可。自 2013 年中国提出"一带一路"倡议之后，中国的国际影响力进一步提升，通过合作共赢推动区域发展的中国方案正在被越来越多的国家认可并愿意参与其中。作为"21 世纪海上丝绸之路"重要途经区域的东盟国家也将迎来与中国合作发展的全新历史机遇，双方之间的交流合作日益密切，也为东盟留学生来华发展提供了绝佳的机会与广阔的平台。总之，中国自身实力的强大是东盟留学生选择在中国就业创业时的重要关注面向，中国良好的发展前景推动东盟留学生愿意将其作为就业创业目的地。

从个人层面来看，东盟留学生十分关注"家庭支持""中国工资待遇""人际关系""福利政策"等，所占比例分别为 49.5%、49.83%、44.88%、46.2%。其中，"家庭支持"可看作东盟留学生及其家庭对于在中国就业创业的意愿与能力，意愿越高、能力越强的家庭就越会支持子女在中国就业创业；而"中国工资待遇""人际关系""福利政策"三个面向均可视作东盟留学生对于其在中国就业创业的自我发展关注。工资待遇高代表能拥有更高的生活质量，人际关系好代表能拥有和谐融洽的社交环境，福利政策好代表长期生活更有规范性保障。家庭支持推动留学生在华就业创业决心，薪资水平符合留学生个体发展预期，福利政策保障留学生在华长期生活质量，人际关系满足留学生心理融入的社交需求。总之，东盟留学生在中国就业创业时，非常关注中国对其物质与心理两方面需求的适切性，这是他们注重个体发展的必然结果。

总之，东盟留学生在华就业创业的过程中，主要从国家与个人两个层面进行关注。从国家层面来看，中国近年来良好的发展态势、与东盟国家间交流合作关系的日益密切、"一带一路"倡议带来的全新机遇等，都被东盟留学生所重点关注，也成为推动其在华就业创业的重要动因。从个人层面来看，东盟留学生十分关注就业创业目的地能否为其带来真正的物质利益提升与心理需求满足，中国就业市场相较于东盟国家拥有普遍较高的工资福利水平。加之都在中华文化影响之下，中国与东盟国家民众在文化习俗、性格品质等方面相近，东盟留学生在华就业创业在人际关系相处上存在较少阻力，能够比较轻松、快速地适应中国社会的生活。因此，东盟留学生在华就业创业的关注面向，中国均能与其达到较高的匹配度，进而成为促使东盟留学生在华就业创业的主要原因。

（二）政策诉求

东盟留学生在对"您认为中国各级政府在支持东盟留学生在中国工作方面最应该做什么"以及"您认为您的国家在支持您在中国工作方面最应该做什么"两个问题的回答中，充分表达了他们对中国以及自己国家政府的多元化政策诉求，希冀通过双方政府努力来共同保障其在中国能够顺利就业、满意就业。下面将从东盟留学生对中国政府的政策诉求以及对本国政府的政策诉求两方面进行具体分析。

第一，东盟留学生对中国政府的政策诉求，主要体现在"提供较好的住房、养老和医疗保障，创造公平公正的社会环境""提供实习实践机会""本国职业资格在中国得到认可，不需要在中国另外考试""设立针对东盟留学生创业的培育平台""设立东盟留学生创业扶持基金，提供创业贷款"等五个方面，所占比例依次为30.17%、27.63%、14.41%、14.24%、13.56%。

通过对以上五个方面政策诉求进行分析归纳，可将其大致划分为两大类型，即包括提供生活保障与公平社会环境在内的"生活保障"，以及包括提供实习实践机会、认可东盟国家职业资格、设立培育平台、设立创业扶持基金等在内的"服务引导"。其中，东盟留学生对生活保障类的政策诉求最为强烈，说明东盟留学生在华留学期间对中国整体认同度较高，愿意长期定居在中国就业、创业、生活，因而才会在政策诉求上希望中国政府提供较好的住房、养老和医疗保障，并通过营造公平公正的社会环境，使其能够免除在中国长期生活的后顾之忧，在稳定的社会环境与完善的保障体系下安居乐业。而在服务引导类的政策诉求中，东盟留学生的意愿表达更为多样化，也显示了其在就业创业这一主题上的需求是较为全面的。通过提供更多机会、职业资格认证、平台搭建、基金扶持等措施的实施，东盟留学生从实习期开始就能够获得充分的政策保障与扶持。中国政府通过更好地引导并服务东盟留学生在华就业创业，也能够提升东盟留学生在华就业创业的意愿与能力。因此，中国政府在吸引东盟留学生在华就业创业的过程中，应注重从生活保障与服务引导两方面提供政策扶持与便利，以此来更好满足东盟留学生的实际诉求，帮助其在中国实现更高质量的个人发展。

第二，东盟留学生对本国政府的政策诉求，主要体现在"与中国维持友好合作关系，为留学生在华工作提供良好的国际关系背景""与中国开展青年文化交流""国家出面为留学生争取在华实习实践机会""在中国设立产业合作园区，以国家名义推荐留学生在中国工作""与中国签署双方就业资格互认协议""为留学生在中国创业提供创业扶持基金"等六个方面，所占比例依次为25.89%、20.47%、15.97%、14.57%、13.64%、9.46%。

通过对东盟留学生对本国政府政策诉求表达的分析，可以认为相较于对中国政府的政策诉求，他们对本国政府的诉求显得更加多样化与具体化。其中，有政治层面的诉求，即希望本国能与中国维持友好关系，以保障其在中国就业创业不受国际关系波动的影响；有文化层面的诉求，即希望本国能与中国开展国家层面的青年文化交流，让双方青年在交流中深化对彼此国家文化的认知与理解，尤其是推动东盟留学生青年群体能够更好适应中国的社会文化，帮助其更好度过在中国生活的磨合期；也有经济层面的诉求，即希望本国政府能够出面与中国政府协商与接洽，在争取实习实践机会、推荐留学生在华工作、双方就业资格互认、提供创业基金等方面为东盟留学生提供官方制度保障与政策便利，让他们可以放心在华工作、安心在华生活。

总之，东盟留学生在华就业创业过程中的政策诉求表现出形式多样、内容具体、层次鲜明的特征。就形式来看，东盟留学生对中国政府的政策诉求可分为生活保障与服务引导两大类，对本国政府的政策诉求可分为政治、文化、经济三个层面；就内容来看，东盟留学生在实习实践机会、职业资格认证、创业培育平台、产业园区建设、资金支持等方面均有诉求表达；就层次来看，东盟留学生对中国的诉求与对本国的诉求有鲜明的"内外之别"，他们对中国政府的诉求主要聚焦于经济领域，更加务实与讲求实效，而对本国政府的诉求存在政治与文化上的考量，表现出东盟留学生希望本国政府能够着眼于人民福祉，为他们在华就业创业开拓更加全面、便利、长效的制度空间。因此，中国政府应该在正确认知并区分东盟留学生多元政策诉求的基础上，做到对症下药，切实维护其在中国就业创业的合法权益，有针对性地创造条件来满足他们的合理诉求，并通过与东盟国家深化交流合作的方式形成吸引东盟留学生在华就业创业生活的长效机制。

七 东盟留学生在华就业创业意愿的总体特征及其解释

（一）东盟留学生在华就业创业的总体意愿较强

问卷反映，97.7%的东盟留学生能够适应在中国的生活，63.7%的东盟留学生能够接受在中国的学习，84.8%的东盟留学生愿意在毕业后留在中国就业创业。由此表明，绝大多数东盟留学生能够适应中国的生活与学习，并愿意留在中国就业创业。这一情况说明东盟留学生多数被中国的生活和学习环境所吸引，并对中国的社会经济发展抱持乐观态度，认为在这里可以寻找到自身发展的广阔空间。一方面，东盟国家都位于亚洲东南部，而中国作为亚洲发展速度最快、发展潜力最大并且经济总量位居世界第二的国家，对东盟邻国所产生的影响力与吸引力巨大，另外经济、文化、气候以及距离等因素，使得中国成为大多数东盟留学生进行就业创业以及学习生活的首选之地。另一方面，自2010年1月1日中国—东盟自由贸易区全面启动以来，该区域已成为目前世界上涵盖人口最多的自贸区，也是发展中国家间规模最大的自贸区。该自贸区的成立也促进了中国与东盟国家间的文化交流，很多东盟国家的人民对于中国有了更深的认识以及更多的好感，同时该自贸区的成立也间接带来了诸多对于东盟国家学生和工作者的福利性政策，也极大增强了中国对于东盟留学生的吸引力。因此，参与调查的绝大多数东盟留学生都表现出了较强的在华就业创业意愿。

（二）文化成为影响东盟留学生来华就业创业的主要因素

问卷统计结果显示，有84.8%的东盟留学生认为人际关系对他们在华生活中的影响很大，在问卷列出的所有因素中排第二位，有87.8%的东盟留学生认为人际关系对他们就业创业中的影响很大，同样在问卷列出的所有因素中排列第二。由此可见，人际关系已经逐渐超过经济、家庭以及待遇等，成为影响东盟留学生来华生活和就业创业的主要因素。东盟留学生对于人际关系的关注，主要是因为中国与东盟国家在文化方面存在着许多不同，而文化是影响人际关系的最主要因素。东盟留学生在情感的表达方式、价值观以及社交选择方面与中国学生有着极大的不同，而这些不同都能反映出国家间的文化差异。因此，隐藏在人际关系这个因素背后的文化差异，已经渐渐取代政治、经济以及家庭等，成为影响东盟留学生来华就业创业的主要因素。

（三）外交的建设性作用已在东盟青年来华就业创业意愿中得到体现

问卷统计结果显示，自己国家和中国所保持的外交关系对于东盟留学生选择在中国就业创业的影响很大。中国对于东盟国家一直奉行的是积极友好的外交策略，无论是主动推动中国—东盟自由贸易区建立和持续性发展，还是"一带一路"倡议在东盟国家的推进，都体现了中国所秉持的"同命运，共发展"的外交理念。同样，大多数东盟国家都能在与中国的友好交往中受益，中国外交的建设性作用也开始显现，东盟国家对中国的信任与好感度倍增，东盟国家人民愿意主动地与中国人民进行交往和学习。正如问卷所显示的那样，"中国与留学生所在国家的关系""'一带一路'建设"以及"中国和留学生所在国家的交流情况"成为大多数东盟留学生愿意留在中国就业创业的主要影响因素。正是中国友好的外交策略,使得东盟留学生愿意留在中国生活、学习以及就业创业,这既有利于中国与东盟双方在多领域的交流往来,也有利于中国自身国际影响力的提升,由此吸引更多东盟留学生来华就业创业。

(四)就业信息不对称对东盟留学生就业创业选择产生的影响

多数东盟留学生在华学习、生活的适应程度一般,由于语言、文化的影响,他们的交际圈一般局限于一同来华的留学生或同一国家的人民,与中国本地学生交往较少,信息渠道的狭窄以及信息获取不对称对东盟留学生就业创业选择的负面影响巨大,并由此造成其在就业创业阶段难以及时获取有效信息进行理性选择与职业生涯规划,进而影响其在华正常生活节奏以及对华正面印象感知。目前来看,东盟留学生多靠着身边的人间接介绍获得就业或者创业机会,极少参与本地的招聘会。问卷结果显示,中国各级政府在支持东盟留学生在中国工作方面,最应该为东盟留学生提供较好的生活待遇和公正的竞争环境(占30.17%),为东盟留学生提供实习实践机会,适应中国创业环境(占27.63%)。由此可以反映出,东盟留学生最希望得到的是充分的就业创业信息,从而为他们的选择提供参考。

(五)东盟留学生在华就业创业选择趋于理性

就实际情况而言,无论是教育差异,还是发展前景都是东盟留学生考虑留华就业创业的重要影响因素,留学生作为知识群体,他们的选择往往是比较理性与客观的。近年来,随着中国与东盟国家多领域交流合作的日益密切,双方青年之间的各类交流活动逐渐普及,尤其是相对具有更大吸引力与影响力的中国,以其广阔的市场空间与良好的经济预期吸引着越来越多东盟留学生来华就学、就业、创业、生活。调查结果显示，认为"中国发展很快"非常影响东盟留学生在中国就业创业选择的比例较大（占 21.45%），选择比较影响的也占较大比例（占 45.87%）。此外，东盟留学生对于在中国就业创业后获得的工资待遇以及相关福利政策的关注同样反映出他们的就业创业选择已经趋于理性，表明他们在选择就业创业目的地时会充分考虑当地社会经济水平以及工作生活环境，在满足自身发展预期的情况下才会做出在华就业创业的理性决策。以上情况也从一个侧面反映出中国自身实力的强大对东盟留学生的内在吸引力是巨大的，中国也应抓住机会做好对外宣传，吸引东盟留学生来华共享经济发展红利。

八　东盟留学生在华就业创业意愿的主要影响因素

东盟留学生选择在中国就业创业的主要原因是他们对中国目前经济社会发展的良好预期，认为其巨大的市场潜力与广阔的就业空间可以帮助其实现人生发展的目标。有学者研究指出，如果国外就业市场的工作机会比国内更多，那么个体从理性选择的角度讲会从本国流动到工作机会更多的外国。因此，辨析影响东盟留学生来华就业创业的因素，可以帮助中国更好地制定吸引留学生的政策。

（一）驱动东盟留学生在华就业创业的因素

1. 中国具备良好的经济发展水平与发展预期

从有意愿在华就业创业的东盟留学生关于影响因素的选择看，认为中国发展速度快、市场成长性强、就业前景好的比重达到89.2%，成为吸引东盟留学生在华就业创业的最大动因。从就业吸纳能力来看，中国自1978年实行改革开放以来，历经40多年的快速发展，社会经济体制改革成效明显，所释放出的巨大经济潜力使得中国整体实力和国际影响力不断攀升。由经济迅猛发展带来的市场就业空间的扩张，使得中国就业吸纳能力每年保持在1000万个以上，对东盟国家人才的吸引力持续上升。与此同时，伴随中国经济一同成长的还有一批本土跨国企业，如华为、小米等，它们不仅将中国产品打入国际市场，也在海外许多国家与地区设立分公司，吸纳当地人才就业。因此，中国经济与中国企业与日俱增的影响力，提升了东盟青年来华留学就业创业的意愿。

此外，中国近年来不仅关注自身经济发展，更是将地区间合作共赢作为外交策略的一部分，积极探索与周边国家和地区互惠互利的发展新路，如"一带一路"倡议、中国—东盟自由贸易区建设等。中国提出"一带一路"倡议后，作为"21世纪海上丝绸之路"的重要区域，东盟国家与中国的经济合作能够在自贸区建设的基础上更进一步，成为连接更加紧密、交流更加广泛、合作更加深入的区域共同体。目前东盟十个成员国中已有九个同中国签订了共建"一带一路"的相关合作文件，从东盟国家整体来看其参与"一带一路"的积极性较高，并且东盟国家官方政府对"一带一路"的认可与支持进一步激发了本国学生在华留学就业创业的动力，对中国前景的良好预期增强了其融入中国经济社会发展大趋势的意愿。

2. 中国与东盟国家之间的国际关系良好稳定

国家与国家之间的良好关系，是东盟留学生在华就业创业的重要保障。就中国与东盟各国的关系来看，认为自己国家与中国的关系一般且偏差的仅占13.2%，认为自己国家与中国交流程度一般且偏少的仅占13.6%。事实上，东盟成立50年来不断发展壮大，内部融合度显著提高，区域经济社会发展稳定有序，与中国的交流合作日益密切并不断深化。同时，中国自与东盟建立战略伙伴关系以来，双方共同为地区和平稳定发展付出努力并取得积极成效，进一步推动了双方的政治互信、经济互促、社会互融进程，使得中国—东盟自贸区成为实质成效显著、对外影响广泛的区域经济合作共同体。2018年11月14日，双方共同签署通过的《中国—东盟战略伙伴关系2030年愿景》，为中国与东盟国家在历史新阶段的合作发展指明了方向，并再次证明中国与东盟国家合作共赢的光明未来不会改变，双方民众也应在官方鼓励下积极参与并见证融合发展的历史大势。在良好稳定的外部国际环境之下，东盟留学生在华就业创业就有了充分的心理保障。

3. 部分东盟国家经济低迷推动东盟留学生在华发展

2008 年的全球金融危机导致许多国家和地区经济发展陷入困境，但同一时期中国经济依然能够保持中高速增长的现实让世界为之惊奇，如此强劲的经济发展势头与稳定的经济发展环境，使得东盟留学生选择在华就业创业成为明智之举。国际货币基金组织（IMF）数据显示，2018 年东盟国家经济增长率普遍偏低，如文莱的经济增长率为 0.6%，新加坡为 2.6%，泰国为 3.5%，马来西亚为 4.8%，情况稍好一点的柬埔寨为 6.8%，老挝为 6.9%，缅甸为 7.6%，但考虑到这些国家经济总量小、基础弱，这样的增速仍然难以推动国家经济社会的快速发展。与此同时，中国 2018 年全年经济增长率依然维持在 6.8% 左右；2018 年前 10 个月新增就业人数达到 1190 万，超越年度目标的 1100 万人；失业率维持在 5% 以下，低于预期值。IMF 由此判断，中国到 2022 年之前，经济增长率不会跌至 6% 以下。中国稳定的经济环境、开放的国家态度给更多东盟留学生带来发展机会。在薪资待遇上有 84.2% 的东盟留学生认为中国的薪资水平较自己的国家属于中等偏上，且仅有 13.2% 的东盟留学生认为中国的生活成本高。因此，本国经济发展低迷与中国高薪低成本的社会生活环境相对比，自然促使东盟留学生在华就业创业意愿上升。

4. 家庭支持东盟留学生在华发展

调查显示，家庭因素在一定程度上促进了东盟留学生在华就业创业的意愿。家庭经济条件、家庭结构、成员背景、工作观、对中国的看法、对本国家的期待等都会对东盟留学生来中国发展造成一定的影响。数据显示，对于在华就业创业，家庭支持的因素占 83.5%。获得家庭的支持是东盟留学生选择在华就业创业的后盾，同时也极大地增强了其在华发展的意愿与决心。

5. 中国对留学生在华发展的重视与支持

国际学生留华工作历来受到国家政府部门的高度重视。2014 年 12 月，全国留学工作会议召开，会议指出，加强来华国际学生的留学工作是中国教育事业发展的重要组成部分。对待国际学生，一要从高校角度入手加强人才培养，二要从社会角度入手发挥其人才作用，让在华留学生在专业知识、实践技能、社会服务等方面均有所提升，并且要通过与中国经济社会发展现实的紧密结合，来更好实现个人发展与国家发展相辅相成的良性互动局面。2016 年 2 月，国家发布《关于加强外国人永久居留服务管理的意见》，对留学生在华就业创业的相关限制性规定更为宽松，方便留学生毕业后在中国工作以及居住生活。2017 年 1 月，人力资源和社会保障部、外交部、教育部联合发布《关于允许优秀外籍高校毕业生在华就业有关事项的通知》，允许符合条件的优秀国际学生毕业后可直接在华就业，而无须提供具备相关工作经历的证明，进一步为留学生在华就业创业提供了政策便利。因此，中国政府对留学生在华发展的重视与支持，是鼓励东盟留学生在华就业创业的政策基础。

（二）阻碍东盟留学生在华就业创业的因素

1. 信息渠道单一

就业信息不畅通是很多愿意留华的东盟留学生难以找到工作的重要原因。根据可复选选项统计，亲友、同学、老师介绍、中国网站以及电视报纸等熟人关系网络与传统媒体是目前东盟留学生认识中国的主要渠道。目前我国高校就业服务与指导工作的主要面向群体还是以中国本土学生为主，除个别高校有相关制度、人员以及资金支持外，国内鲜有专门针对留学生群体特征而实施的实习与就业指导服务。国内学校针对东盟留学生进行就业信息发布的渠道单一，由此使得东盟留学生不能很好地在中国就业和创业。

2. 中国就业市场竞争激烈

无论是在中国就业还是创业，东盟留学生均表现出对"中国市场竞争很大""中国学生实力强"的担忧，高达 90.4% 的东盟留学生认为中国市场竞争大，有 89.4% 的东盟留学生认为中国学生实力强。东盟留学生对压力的承受程度以及所掌握的就业创业技能，是适应中国市场激烈竞争环境的前提与基础。竞争激烈的就业现状无疑在很大程度上影响东盟留学生在华就业创业的选择。但从长远来看，随着中国经济的持续稳定发展，以及扶持留学生在华发展相关政策的不断完善，东盟留学生在华就业创业面临的阻力也将越来越小。

3. 社会文化差异明显

社会文化差异是东盟留学生在华发展的一大障碍，这一障碍的产生可从文化休克现象加以分析说明。所谓"文化休克"，即是指当个体处于一个自身所不熟悉的社会文化环境中时，所产生的自我迷失、情感排斥甚至恐惧等种种心理不适。调查数据显示，有 83.2% 的东盟留学生认为语言障碍影响其在华就业创业的意愿。除了语言障碍外，不同的价值观念及教学方式的差异也会影响东盟留学生的意愿，有 84.9% 的受访者认为人际关系会影响其选择意愿。因此可以认为，大多数东盟留学生在中国生活的过程中会因为语言不通、价值观念差异等因素而产生"文化休克"的反应，由此阻碍其在华发展的意愿。

九 当前中国吸引东盟留学生就业创业的政策环境及其存在的问题

　　东盟国家是中国重要的经济合作伙伴和人文交流合作对象，尤其是随着中国—东盟自由贸易区建设的不断深化、"一带一路"倡议的顺利实施，东盟国家现已成为中国"一带一路"建设的重点和优先区域，中国与东盟区域经济一体化进程也得以进一步深化。经济的发展离不开国际型人才的支持，东盟国家高端人才的参与可助力"一带一路"建设。教育部官方数据表明，近年来中国与东盟国家互派留学生的数量呈现稳定上升的趋势，在 2017 年来华留学生数量排名前 10 位的国家中，东盟国家占据 3 位，包括泰国、印度尼西亚以及老挝。为了更好地促进双方民众在语言文化方面的沟通交流，中国—东盟教育培训中心、中国—东盟汉语言文化教育基地等一批服务于民众语言文化教育工作的组织机构应运而生。随着双方在各领域合作范围、交流深度的不断拓宽，广大东盟留学生毕业后在中国寻求发展机遇的意愿也日益增强。根据问卷统计结果，在"你毕业后愿意在中国就业创业吗"选择"一般到非常愿意"的占比高达 86.24%，并且，决定在中国就业创业的因素中"中国与你所在国家的关系""'一带一路'建设"两项选择"一般到非常影响"的占比分别为 86.80% 和 86.14%。但中国吸引东盟留学生在中国就业创业的配套政策仍不完善，尚未为东盟留学生营造良好完善的政策环境。

（一）中国吸引东盟留学生就业创业的政策环境及其特点分析

通过对现有政策文件分析发现，中国在政策制定与实施的初期对国外留学生在华就业创业的规定较为严格。1996 年颁布的《外国人在中国就业管理规定》中明确要求外国人在中国就业必须具备相应的专业技能和工作经验。2000 年在《高等学校接受外国留学生管理规定》中明确指出外国留学生在中国完成学习任务、达到毕业要求后必须在规定期限内离开中国，而不具备相应工作经验的留学生则必须回到其来源国家。2013 年修订的《中华人民共和国外国人入境出境管理条例》规定，留学生在中国高校学习期间，可依照相关规章制度的要求参加勤工助学，获取实习机会需要征得相关部门的同意。但截至 2017 年底，除上海外其他省市均未出台国外留学生申请"许可"的实施细则。实习机会稀缺限制了国外留学生对中国工作环境的了解、市场发展空间的把握，也降低了留学生毕业后在中国就业的概率。2014 年修订的《高等学校接受外国留学生管理规定》明确规定国际留学生毕业、结业、肄业、退学后必须在签证规定的有效期内离境，而且留学生如果在毕业后希望在中国就业还需办理"外国人就业证"，办理程序较为烦琐，在一定程度上抑制了东盟留学生在华就业创业的积极性。

基于以上现实情况，中国为吸引东盟留学生来华发展做出了积极的努力，从多方面保障留学生的学习生活条件，其中就包括覆盖面广、额度较高的奖学金，成为吸引东盟学生来中国留学的重要因素。有学者研究发现，对留学生发放金额优厚的奖学金会使其留在留学国家工作的概率提升15％。由此可以推断认为，中国为东盟留学生提供优厚奖学金将不仅会吸引其来华学习，同时也将增加其留在中国就业创业的概率。除此之外，2016 年 2 月中共中央办公厅、国务院办公厅联合印发《关于加强外国人永久居留服务管理的意见》，提出要建立永久居留政策专家咨询机制、加快制定外国人永久居留服务管理条例和外国人在中国工作管理条例等行政法规和配套规范性文件，从政策文件的角度完善了留学生来华就业发展的法律保障。2017 年 1 月，由人力资源和社会保障部、外交部、教育部联合发布的《关于允许优秀外籍高校毕业生在华就业有关事项的通知》按照《外国人在中国就业管理规定》提出，允许部分无工作经历的优秀外籍高校毕业生在华就业，为优秀的东盟留学生毕业后留华提供了便利。2018 年 12 月，由教育部留学服务中心主办的"第六届来华留学人才招聘会"联合中国银行（香港）有限公司等 40 家知名企业为留学生开展招聘工作，其间为其提供 860 余个岗位，涉及工程建设、装备制造、电子科技、金融、法律以及文化教育等多个领域。本次招聘会聚集了 200 余家知名企事业单位前来招聘，应聘的外国留学生多达 20000 名，提供的岗位超过 3200 个，为留学生来华就业提供了极大的信息沟通与对接平台。中国各级政府针对吸引东盟留学生在华就业也采取了相应行动，如中国—马来西亚产业园区建设、广西创新计划等相关政策文件中已提出鼓励东盟留学生在中国就业的建议。综合分析来看，当前中国吸引东盟留学生就业的政策环境主要表现出如下特点：

1. 政策执行的地域差异明显，西南省份表现积极

自 2015 年起，国内发达城市，如上海、北京、天津、广州、深圳相继推出支持留学生在华生活、就业创业的一系列举措，但针对东盟留学生在中国就业创业的相关政策措施实施主要还是集中在以广西和云南为代表的西南省份，这可能与其地缘优势具有较大关系。2011 年 7 月广西在其《广西创新计划（2011～2015 年）》中提出，要加强留学生创业产业园区等相关项目的建设，为留学生在桂就业创业提供良好环境。2017 年 7 月在《中国—马来西亚钦州产业园区条例》中提出要鼓励引导东盟留学生在钦州规划的产业园区进行就业创业，并为其提供在出入境、停居留等方面的优惠政策。因此从地域特征来看，西南省份在面向东盟留学生在华就业创业方面的优惠政策制定与执行上最为积极主动。

2. 政策实施内容较为笼统零散，欠缺具体实践指导

目前已出台实施的各类政策文件中多以全部在华留学生为服务对象，而针对东盟留学生出台的政策内容主要集中在留学、参访及交流等领域。关于东盟留学生在华就业创业的相关措施多依附于综合性政策文件中，且针对如何吸引东盟留学生在中国就业创业的具体做法表述笼统，对其所能从事的行业范围、职业引导等也未作出详细说明。由此导致东盟留学生在华就业创业缺乏系统全面的政策支持，当地政府对其进行宣传引导与保障奖励的动力不足，欠缺对东盟留学生具体的实践指导活动。

（二）当前中国吸引东盟留学生就业创业政策存在的主要问题

1. 政策设计不够完善，缺乏宏观纲领与具体指导

一方面，就目前中国现行的吸引东盟留学生在华就业创业政策来看，国家层面上并未出台关于吸引东盟留学生在中国就业创业的宏观指导性政策文件。国家出台明确的宏观纲领性文件是地方政府制定相关政策的依据。自中国提出"一带一路"倡议后，中国与东盟在经济、文化等方面的交流往来日益紧密，双方的人才交流也愈加频繁，愿意在中国就业创业的东盟留学生日渐增多。目前国家尚未出台支持东盟留学生就业的相关政策，虽个别省市出台的产业园区建设、人才培养等方面的政策中提出支持东盟留学生在中国就业创业的相关内容，但只是简单表述应吸引东盟留学生在华就业及创业，而针对如何执行的具体措施未能明确给出。另一方面，就目前支持留学生在华就业创业的政策环境来看，截至 2017 年 1 月，由人力资源和社会保障部、外交部、教育部联合发布的《关于允许优秀外籍高校毕业生在华就业有关事项的通知》只是允许部分无工作经历的优秀外籍高校毕业生在华就业，提出将为优秀的东盟留学生毕业后留华提供便利，但是，这一政策对于"优秀"的

标准划分未有明确规定，且对"优秀"的门槛要求也使得政策不具有普适性，限制了大多数有在华发展意愿的东盟留学生。总体而言，当前中国的相关政策体系还不够完善，缺乏宏观纲领与具体指导，且尚无针对东盟留学生的普惠性支持政策。

2. 政策内容偏向于吸引留学生来华就学，忽视对其毕业后的职业生涯规划教育

目前国家对于东盟留学生的优惠政策多集中于吸引其来华交流、学习，但后续的就业指导、创业支持以及随之产生的职业生涯规划教育等配套制度不完善，且东盟留学生来中国交流的适应情况参差不齐，政府或学校如不及时规划指导工作，对留学生后续的在华就业创业将产生不利影响。目前，东盟留学生在学习结束之后其学习签证将不再适用，有意愿在中国就业就必须申请工作签证。学校提前做好东盟留学生的就业指导工作，将对其之后的职业生涯规划起到关键作用。然而，学校在培养留学生方面，多数只注重专业领域教育的投入，为其提供关于如何在华就业创业的职业生涯规划教育不多，引导其主动适应中国就业创业生态环境的相关指导工作显得不够充分。另外，同中国学生相比，学校缺乏为东盟留学生举办就业招聘宣讲会之类指导宣传工作的动力，当学校就业指导中心不定期邀请企业来学校开办专场招聘会时，一般都会在其官方网站公布相关就业信息和创业政策，但东盟留学生因缺乏相应教育与宣传而鲜有参加者。

3. 政策对企业吸引力低，留学生难以在校招环节实现就业

目前推动东盟留学生在中国就业创业的支持者与参与者主要为当地政府和高校，企业参与度低。东盟留学生在中国就业需要企业提供相应的就业岗位支持以及持续的生活保障，而当前中国吸引东盟留学生就业创业的政策参与主体鲜见企业尤其是实力雄厚的大企业的身影。中国自改革开放以来，一大批中国跨国企业快速发展，如阿里巴巴、腾讯、华为等国际知名企业在海

外很多国家和地区开展了广泛的业务，不仅将公司的产品或服务成功打入当地市场，也为当地国家民众提供了数量可观的就业岗位。这些具有国际影响力的中国企业以其优厚的薪资待遇、科学的管理体制、完善的激励保障机制，对在华东盟留学生产生了强大吸引力，是促使东盟留学生在华发展的重要因素。但受限于目前国家政策对企业招聘留学生的支持力度不够，企业出于风险与成本的考量对招聘留学生工作一向保持谨慎态度，由此导致多数留学生难以在校招环节实现稳定就业。

4. 东盟留学生的就读专业与中国的就业市场需求不相匹配

从问卷关于东盟留学生所学专业的统计结果来看，汉语言文学专业占比高达 72.28%，而其余 18 个专业总占比仅为 27.72%，尤其是工科、国际贸易等应用型专业占比更小，这在很大程度上限制了东盟留学生在中国就业创业的专业竞争力和发展空间。东盟留学生熟悉东盟国家社会文化环境，在中国与东盟的交流合作中从事文化旅游、国际贸易领域的工作具有极大的优势，2013 年中国"一带一路"倡议提出后，中国与东盟的经贸往来和项目合作有了更大的发展空间。同时，根据问卷中"如果留在中国工作，你期望在哪种行业工作"的统计结果可知，东盟留学生除对"翻译行业"（占比21.78%）最为青睐外，占比大的行业选项还包含"文化旅游业"和"国际贸易"，分别占比为 20.79%、13.53%，这类行业都是因应双方经贸文化往来而产生的实际市场需求，其对东盟留学生的实用性与优势性明显。由此可见，东盟留学生的就读专业及其招生规模与中国的就业市场需求不相匹配，东盟留学生的就读专业过于局限，导致其对在华就业创业的市场认知单一、意向选择单一（多为旅游业、翻译等），这在一定程度上降低了东盟留学生在华就业创业的意愿。

5. 东盟留学生获取就业创业信息的渠道单一，权威性不足

根据问卷调查结果，东盟留学生获取就业创业信息的渠道主要以亲友等

熟人介绍以及中国与东盟国家网站发布的信息为主，运用自媒体或社交平台、电视等传统媒介获取相关信息的比例较低。应该意识到，在目前中国就业形势严峻、就业压力较大的现实环境下，高校应届毕业生要想找到心仪的工作或者自主创业发展均需要以及时、准确、权威的行业信息获取为基础，这样才能保证在第一时间了解到哪些地区、哪些行业有哪些工作缺口，并通过理性选择实现快速高效的就业创业目标。不过就目前情况来看，东盟留学生以熟人介绍或网站为主要信息获取渠道，既缺乏时效性，又欠缺权威性，难以有效保证其在中国找到理想的工作，也难以在就业创业过程中得到相应的合法权益保障。因此，东盟留学生获取在华就业创业信息的渠道单一，权威性不足，同样是抑制其在华发展意愿的重要因素，也是当前国家政策制定中所忽视的一点。

十 东盟主要国家对留学生在华就业创业的态度与政策

自 2009 年以来，中国与东盟国家在教育、文化、旅游、科技等领域的合作不断深化，来华就业创业的东盟留学生人数也日益增多，这一良好发展局面主要源于双方国家的政策鼓励和支持。截至 2018 年，中国与东盟国家互派留学生已超过 20 万，中国在东盟国家设立的文化中心已增至 6 个，并在东盟国家建立了 33 个孔子学院和 35 个孔子课堂。在 2017 年举办的第 20 次中国—东盟领导人会议中，双方共同制定公布了《中国—东盟战略伙伴关系2030 愿景》，以期在新的历史时期将中国与东盟的合作发展关系推向更加紧密的新阶段。东盟各国对于其留学生在华就业创业的态度和政策很大程度上决定了其学生日后选择在华发展的意愿，总体来说，东盟国家对本国学生在华发展的态度与政策是积极正向的，具体表现在以下方面。

（一）深化双方高等教育合作，注重本国学生专业技能发展

就目前双方交流情况来看，东盟国家积极响应中国的各项交流计划，对其本国学生在华就业创业提供了稳定的国际环境，双方在高等教育领域展开了深入合作。中国与东盟十国都各自签署了教育交流合作协议，并与菲律宾、马来西亚、越南等国签订学历学位互认协议。以此次问卷调查所涉及的

主要留学生所在国家为例，对越南、老挝和泰国等东盟国家对其学生在华就业创业的态度进行分析，认为深化双方高等教育合作、不断提升东盟留学生在华就业创业满意度将是双方政府在未来交流中的重点。

2018 年，中国驻越南大使馆共向 104 名越南学子发放了中国政府奖学金录取通知书，其中攻读博士学位与硕士学位的分别有 56 人和 34 人。基于两国不断加强的贸易往来现状，为服务于现实需求，来华留学生所学专业主要以语言文学、科学技术、经营管理、国际关系、人类学、服装设计等为主。河内国家大学人文社会科学大学校长范光明曾多次到访中国，与中国高校同行交流，他高度赞赏中国高等教育及其科研水平的不断提高，认为部分学科已经达到世界领先水平，是其为本校学生推荐留学的最佳目的国。中国教育部官方数据显示，中国已经成为亚洲规模最大的留学目的国，如与中国相邻、交流往来密切的越南，目前就约有 1.4 万名学生在中国学习生活。

中国与泰国的教育往来主要以汉语教学、合作办学、留学互访、设立机构等形式展开。自 1975 年中国与泰国正式建立外交关系以来，泰国已有十余所高校开设有可授予学位的中文本科专业或供全校学生选修的汉语通识课程。泰国教育部规定，有条件的大中学校皆可开设中文课，汉语教学也被纳入其教学大纲之中。中、泰两国的高等教育交流和合作也包含人力资源方面的频繁往来。由于中国与东盟各国双方共同促进，加速了双方的教育交流合作，为更多泰国学生提供了了解中国和选择中国作为就业创业目的地的机会。

中国与老挝建交以来，两国关系一直十分稳定，友好往来的外交关系奠定了双方的交流合作基础。自东盟博览会举办以来，老挝与中国的关系更加密切，中国多所高校与老挝开展留学生项目。根据问卷调查，老挝留学生表示生活方面的适应性问题不会对其在华就业创业构成困难。老挝教育部长和部分高校领导人也都曾积极参与和中国在高等教育领域的交流合作，表示愿意不断深化双方之间的人才往来。

随着中国和东盟关系的进一步深入发展，越来越多的东盟国家留学生在中国留学之后选择继续在华就业创业。问卷数据显示，气候、人际关系等一切外在因素均是影响东盟留学生在华就业创业意愿的重要部分，但更为直接的原因还是其在华的薪资待遇问题。问卷数据显示，半数以上的东盟留学生都希望在华薪资达到 10 万～30 万元，而参与问卷的学生多半为本科生。对于本科毕业生来说，年薪在 10 万元以上已经为较高水平的工资。而根据相关数据，一些东盟主要国家的普通本科生毕业之后的平均工资水平和该期望值相差较大，在越南应届本科生的平均工资为折合人民币 4 万元/年；老挝的本科毕业生平均工资为折合人民币 3 万元/年。因此东盟国家希望能与中国深化高等教育合作，为留学生培养适应双方国家市场需求的专业技能，成为其开展合作的现实基础。

（二）提供广泛的交流合作机会，鼓励本国学生在华发展

根据中国—东盟教育交流信息网的数据，中国与东盟国家在教育上的交流有助于东盟留学生了解和习惯中国就业创业环境，他们在回国后能积极传播有关中国的正面信息，提升中国的国际形象，同时还能吸引更多东盟国家的学生来华就学以及就业创业。在 2003 年举行的第七次中国—东盟领导人会议上，中国和东盟国家领导人共同签署并发表《中国—东盟面向和平与繁荣的战略伙伴关系宣言》，宣布双方将建立战略伙伴关系，共同推动双方的社会经济发展以及人员交流合作。由此，中国成为第一个与东盟建立战略伙伴关系的国家，并在 16 年的长期发展中积淀了深厚的合作基础与互信关系，标志着双方关系迈上了新台阶，东盟留学生来华发展已成风潮。根据中国教育部统计数据，2017 年共有 48.92 万名外国留学生在中国高校学习，其中来自东盟及"一带一路"沿线国家的留学生高达 31.72 万人，占比 64.85%。中国西南各省份作为中国和东盟国家对接的前沿地区，近年来积极推动与东盟国家的交流合作，共同培养了大批具有国际视野与包容性合作能力的通用人才，极大地促进了中国与东盟国家的高质量发展。

2008 年 7 月，由外交部、教育部和贵州省政府联合主办的首届"中国—东盟教育交流周"正式拉开帷幕。来自东盟的组织机构人员、各国政府官员、大学校长以及学生共约 400 人出席开幕仪式。迄今为止，该教育交流周已经进行了十一届，充分表现出东盟国家政府和相关教育单位对留学生来华交流的支持和肯定。中国与东盟地理相邻、文化相通，从两千多年前秦汉时期的"西南丝绸之路"开始，中国与东盟国家的友好往来和人文交流便从未间断。留学生更是中国—东盟友谊的使者，近年来双方之间不断深化教育合作，中国高校不断完善对东盟留学生的优惠政策，较大程度上缓解了留学生在华就业创业所面临的环境、社交等现实障碍。从 2010 年开始，中国教育部就积极推进"2020 双 10 万学生流动计划"，即在 2020 年实现东盟来华留学生和中国到东盟的留学生都达到 10 万人左右规模。政府的积极态度是学生来华学习、就业、创业的根本驱动力。本次问卷调查结果显示，多数以上的留学生认为奖学金资助是促使其来华留学的主要原因。根据国家留学网的官方信息，目前中国政府提供给东盟国家留学生的奖学金主要有：中国政府奖学金、"一带一路"奖学金、中国—东盟学生交流项目、孔子奖学金等。以上各类奖学金几乎可以满足留学生在华正常生活所需的开支，解决了东盟留学生在华的学习与生活花费问题。2016 年，江苏和贵州 30 所高职院校以及 80 名东南亚国家职业院校校长就中国和东盟的职业教育合作展开政府间和学校间的对话，并提出构建"中国—东盟职业院校联盟"的倡议。与此同时，东盟国家的相关负责人也表示愿意与中国一道加强技能型人才的合作培养与交流，双方将在共同的目标导向下开展更加深入的交流合作。

综上所述，目前东盟主要国家积极和中国合作，参与各种人才培养计划。来华学习的留学生掌握了汉语和专业技能，为其在华就业创业提供了必备的基础。中国与东盟国家为留学生在华学习和生活的适应性方面也不断创造条件，双方积极合作之下逐渐打破留学生在华就业创业的种种障碍。随着双方在国家关系上的不断深入发展，中国与东盟国家在教育方面的交流合作将会日益密切。此次问卷数据显示，对于东盟在华留学生而言，生活和环境适应性问题已经不再是其留在中国就业创业的主要顾虑。东盟留学生选择来中国留学的大多数原因都是基于奖学金和其国家政府的政策支持,而选择在华就业创业则取决于就业环境、情感因素及文化吸引。中国与东盟国家通过为东盟学生提供广泛的交流合作机会以及充足的资金保障,让他们有了充分的时间来适应中国的自然与社会文化环境,为他们后续在华发展打下了坚实基础。

十一 提升东盟留学生在华就业创业意愿的政策建议

（一）政策启示

要提升东盟留学生在华就业创业意愿，应寻求国家、社会、高校三方面支持来共同发挥作用，其政策重点在于构建良好的内外部社会环境，提升对留学生的信息传播质量，注重留学生就业创业相关教育培训。

（二）政策建议

结合以上分析，可以从经济建设、外交关系、信息传播、教育培训等方面采取措施，提升东盟留学生在华就业创业的意愿。

1. 完善自身经济市场建设，向东盟留学生提供更多发展机会

中国经济的快速发展和庞大体量，以及强大的就业创造和吸纳能力是吸引东盟留学生在中国就业创业的主要原因。要增强东盟留学生留华就业创业的意愿，就要保持中国经济的吸引力，通过完善自身经济市场建设、在多个行业向东盟留学生保持开放，以此创造更多机会让留学生参与到中国经济发展的进程中来。目前来说，坚持"一带一路"倡议，密切与东盟国家在"一带一路"方面的合作，能够在促进中国经济快速发展的同时，为东盟留学生创造更多就业岗位和创业机

会。"一带一路"建设在基建、经贸、人文交流等多个领域展开，中国与东盟国家的合作将涉及语言翻译、跨境贸易、电子商务、法律、工程等行业的岗位需求，这对在中国学习的东盟留学生来说，是非常好的机会。因此中国应借助"一带一路"倡议，完善自身经济市场建设，在与东盟国家的交流合作中开辟新行业、发展新产业，为东盟留学生提供更多发展机会。

2. 与东盟国家保持良好外交关系，为东盟留学生在华发展提供外部保障

问卷调查结果表明，良好的外交关系对东盟留学生选择在华就业创业的意愿有很大影响，因此也应引起足够的重视。中国对东盟始终奉行友好的外交策略，中国—东盟自由贸易区的建立、"一带一路"倡议在东盟国家的顺利推进，都表现出中国与东盟国家的友好合作关系，体现了"同命运，共发展"的外交理念。大部分东盟国家也在与中国良好的外交关系下受益。与东盟国家保持良好外交关系是东盟留学生在华发展的外部保障，具体实践措施如下：第一，与东盟国家开展形式更多样、领域更广泛的交流合作活动，如邀请东盟国家中学生、大学生到中国开展游学访问、文化展览、体育竞赛等活动，加深东盟国家学生对中国的了解，增进他们对中国的好感，并在此过程中鼓励学生继续来华深造；第二，加大对"一带一路"建设在东盟国家的宣传和推广，加深东盟国家学生对"一带一路"建设的了解与认知，从而愿意参与到"一带一路"进程当中，提升他们来华就业创业的意愿，为国家间互惠互利做出贡献；第三，对来华就业创业的东盟留学生进行鼓励和奖励，树立东盟留学生榜样，制作相应宣传视频投放到东盟国家主流媒体平台，让东盟国家学生共同见证双方的友好交流以及东盟留学生在中国发展的美好前途，让更多留学生能够安心在中国就业创业。

3. 大力推广新媒体传播技术，拓宽东盟留学生了解中国的信息渠道

目前东盟留学生获取中国的就业创业信息主要是通过熟人或者网站渠

道，信息来源单一且实效性较差。新媒体技术的日益成熟与全球化的普及可以为东盟留学生全面、及时、客观地了解中国提供有益的技术支持，并对东盟留学生获取留华就业创业相关信息助益良多。具体实现路径包括：第一，要促进传统媒体与新兴媒体的相互融合，开发适合东盟留学生与中国学生交流的青年社交软件，以此打破双方交流信息的时空限制，既能让双方青年学生在开放、自由的网络空间取得信任、增进交流，也能让东盟留学生及时获取在华就业创业信息，甚至帮助他们找到志同道合的中国朋友一起创业，共享中国市场发展的红利。第二，可以借助目前在东盟国家与中国影响力较大的社交平台，如东盟国家使用的 Facebook、中国使用的新浪微博等，以官方形式创建服务于东盟留学生在华就业创业的自媒体账号，及时发布各地区、各行业适合东盟留学生的就业与创业信息，并定期邀请在华生活经验丰富、工作顺利的东盟留学生进行座谈，以宣传片形式介绍东盟留学生在华就业创业的成功经验，增强新媒体平台的权威性，以此取得东盟留学生信任，增强他们的在华发展意愿。

4. 支持一批优质企业，以校企合作形式为东盟留学生提供就业与实习岗位

东盟留学生在中国毕业后，其自身在华的社会融入需要时间过程，在此期间由于语言沟通不畅、人际关系网络单薄、对企业信息了解程度不够等原因，将无法及时获得准确可靠的就业创业信息，并因此错失毕业季众多企业前来招聘的机会，进而导致其对留华就业创业表现出迷茫和无助感。针对以上现实情况，建议地方政府应支持一批优质企业，从资金、税费、人力等方面进行政策倾斜，鼓励企业与高校进行深度校企合作，联合建立主要面向东盟留学生的实习实践平台，构建起"专业技能学习—在校实习实践—毕业就业创业"的全方位链条式培养模式，以动态跟踪、及时反馈、政策鼓励作为保障措施，切实将学校人才培养、企业提供机会、政府提供支持这样三位一体的校企合作形式落实到位。这样，一方面能帮助企业更快捷高效地找到适合的人才，另一方面也能为东盟留学生在华就业创业提供更多机会与保障，提升他们在华发展的意愿与能力。

此外，还可以在企业和高校之间建立就业信息联络员制度，保障企业与留学生在信息沟通上的效率。联络员以在本校毕业并已顺利就业创业、中文水平较好的东盟留学生为主，以此实现联络员在中国企业与东盟留学生之间无障碍交流并且双方均可信任的目的。通过企业与学校之间的良好沟通机制，并以留学生不定期参观企业现场、企业负责人与留学生座谈会等形式加深双方了解，由联络员在每学年末整合双方需求，向东盟留学生集中发布就业信息，为其在华发展创造条件、提供机会。

5. 加强东盟留学生来华前的招生宣传工作，引导其选择更多元的学习专业

国家应注重运用东盟国家权威媒体以及本地学校资源，定期赴东盟国家开展招生宣传工作，工作重点不仅是宣传政策利好、鼓励东盟学生来华就学，也要注重引导东盟学生选择更加多元、更符合双方国家发展需要的专业进行学习深造，以免出现留学生学习专业不能适应市场需求而出现"毕业即失业"的困境。具体来说，国家应做好两方面工作：一是与东盟国家官方媒体合作，向其投放中国高校的招生宣传视频以及介绍中国发展的宣传视频，让东盟学生提前了解中国社会以及中国高校；二是聘请与东盟国家有长期业务往来的企业人员作为招生宣传成员，赴东盟国家进行实地宣讲，向学生解读政府政策与企业规划，告知其来华留学后将有丰富的就业创业选择机会，帮助学生了解中国短缺人才的行业与岗位，引导其做出理性的留学选择。

6. 注重东盟留学生职业生涯规划教育，培养其在华就业创业意识与能力

要提升东盟留学生在中国的就业创业意愿与竞争力，重点在于通过职业

生涯规划教育，来培养其思想意识与实践能力。针对东盟留学生的职业生涯规划教育应从理论学习与实践锻炼两方面展开。

在理论学习上，高校要配备专业的职业生涯规划教师，教师应具有丰富的就业创业知识经验以及对东盟国家社会文化的深度了解，能够根据不同国家留学生的特征与专长推荐其继续升学、在华就业创业或者回国发展，向他们普及在中国生活的各方面必备知识与技能，帮助他们找到自身的发展兴趣与人生目标，科学合理地规划未来。

在实践锻炼上，一方面要锻炼留学生的就业能力，即通过校企合作的形式，由职业生涯规划教师负责推荐留学生到合适的企业岗位进行实习实践，让留学生提前适应中国企业的竞争与工作环境，实习表现优秀的东盟留学生可被企业优先录用，并保障提供与中国员工相同的晋升机会与待遇条件。另一方面要锻炼留学生的创业能力，职业生涯规划教师要通过与东盟留学生长期的交流沟通，从中寻找并培养适合自主创业的留学生，鼓励他们大胆创新，帮助其建立创业团队并担任创业导师，尤其需要注重在团队初创期的指导与帮助，为东盟留学生在华创业提供智力支持。

7. 深化西南省份与东盟国家在高等教育领域的交流合作

中国高校是培养教育东盟留学生的首要场域，留学生学习专业知识、融入中国社会、选择在华就业创业等活动均主要是在高校内进行。因此，要注重提升东盟留学生集聚的西南省份高校的教育教学质量，通过深化西南省份与东盟国家在高等教育领域的交流合作，以此提高该地区高校的东盟留学生特色教育水平，实现东盟留学生在华的高质量就业创业目标。具体举措包括：第一，扩展东盟留学生来华深造的专业选择范围，地方政府要鼓励一批办学质量高、东盟留学生生源多的高校创办市场需求大、适合留学生后续在华工作的专业，真正实现留学生学有所长、学有所用之目的。第二，建立中国—东盟高等教育学分互认机制，鼓励东盟国家大学生来中国做短期访问学习，在华修习学分应得到本国政府认可，以此扩大东盟留学生在华学习、发展的数量。第三,将东盟留学生纳入中国的高等职业教育发展规划中,使其更适应中国市场的专业化人才需求,在 2019 年全国"两会"中,李克强总理提出 2019 年高职院校要大规模扩招 100 万人,由此可以鼓励东盟留学生在中国的优秀高职院校学习,所学技能将更符合中国经济市场对技术人才的需求,帮助留学生有效实现在华就业创业目标。

附　录

访谈提纲

第一模块　在中国的生活、学习、工作最大的感受是什么?

1. 你觉得中国社会经济发达吗? 衣食住行是否方便?

2. 气候差异是否较大，饮食文化、习俗差异是否较大?

3. 你感觉学习中文难吗?

4. 你在中国生活是否适应?

第二模块　在中国求职时希望得到什么帮助?

5. 你希望得到哪些服务引导?

（1）希望得到中国老师、朋友、同学以及相关专业人员对于相关优惠政策的介绍和指导。

（2）有利于发展的培训机会。

（3）提供实现自我价值的岗位和平台。

6. 你希望得到哪些奖助保障?

（1）提供保险、住房安置等"五险一金"方面的福利。

（2）税收等方面提供优惠。

东盟留学生在中国生活、学习及工作意愿调查问卷

各位同学，你好：

随着中国与东盟经济社会合作的加速，中国已成为众多东盟留学生职业生涯规划的重要选项。为了了解东盟留学生未来在华就业创业意愿，广西师范大学创新创业学院开展了这一研究项目。本问卷仅做学术研究之用，并将严守学术理论规范，所得资料绝对不做披露或是其他用途，试卷采用匿名回答方式，请同学们放心作答。

本问卷除基本资料外，包括五个部分，请根据你的实际经验与个人认知回答问题。其中前四部分需要在相应选项序号上打√，第五部分需要你简单书写。

由衷感谢你的合作与配合。

广西师范大学创新创业学院

2018 年 9 月 10 日

基本信息

性别：A. 男　B. 女

婚否：A. 是　B. 否

国籍：A. 马来西亚　B. 印度尼西亚　C. 泰国　D. 菲律宾　E. 新加坡 F. 文莱　G. 越南　H. 老挝　I. 缅甸　J. 柬埔寨

在华就读（毕业）院校：_____

所学专业：_____

你的学历：A. 本科　B. 硕士　C. 博士

汉语水平考试（HSK）等级：A. 一级　B. 二级　C. 三级　D. 四级 E. 五级　F. 六级

第一部分　东盟留学生在华生活适应情况

1. 你适应中国的生活情况吗?

A. 非常适应　B. 比较适应　C. 一般　D. 较不适应　E. 不适应

2. 以下因素对你的在华生活影响有多大?

影响因素	A. 非常影响	B. 比较影响	C. 一般	D. 较不影响	E. 不影响
熟练使用汉语					
饮食、气候、环境					
经济压力					
住宿条件					
城市交通					
人际关系					
思念亲人					
宗教习惯					
本国节日气氛					

3. 你每个月花费多少元钱 (人民币)?

A. 1000 以下　B. 1000～2000　C. 2000～3000　D. 3000～4000

E. 4000 以上

4. 互联网时代下,你适应以下生活方式吗?

支付方式	A. 非常适应	B. 适应	C. 一般	D. 不适应	E. 非常不适应
移动支付 (如支付宝、微信支付等)					
交友软件 (微信、QQ、微博等)					
网购平台 (淘宝、京东、亚马逊等)					
外卖 (饿了么、美团外卖等)					
滴滴打车、共享单车等					

5. 以下因素对你在中国的人际交往影响有多大？

影响因素	A. 非常影响	B. 比较影响	C. 一般	D. 较不影响	E. 不影响
理解中国朋友的真实情感					
文化差异					
价值观					
共同爱好					
经常参与社交活动					

第二部分　东盟留学生在华学习情况

1. 你认为你在中国学习困难吗？

A. 非常困难　B. 困难　C. 一般　D. 容易　E. 非常容易

2. 以下因素对你在中国学习的影响有多大？

影响因素	A. 非常影响	B. 比较影响	C. 一般	D. 较不影响	E. 不影响
课程安排					
两国教学方式差异					
学校的教学设备					
学校的管理力度					
奖学金					
语言障碍					
学习氛围					

3. 你愿不愿意参与学校组织的学术、竞赛活动？

A. 非常愿意　B. 愿意　C. 一般　D. 不愿意　E. 非常不愿意

第三部分　东盟留学生在中国就业创业意愿

1. 你毕业后愿意在中国就业创业吗?

A. 非常愿意　B. 愿意　C. 一般　D. 不愿意　E. 非常不愿意

2. 以下因素对你决定在中国就业创业的影响有多大?

影响因素	A. 非常影响	B. 比较影响	C. 一般	D. 较不影响	E. 不影响
中国发展很快					
中国与你的国家的关系					
"一带一路"建设					
家庭支持					
福利政策					
中国工资待遇					
人际关系					

3. 以下因素对你决定在中国创业的影响有多大?

影响因素	A. 非常影响	B. 比较影响	C. 一般	D. 较不影响	E. 不影响
中国市场竞争很大					
中国学生实力强					
所学专业在中国工作前景					
家庭因素					
中国和你的国家交流情况					
语言障碍					
中国交通与环境问题					
和中国学生不同的教育背景					
中国和你的国家的意识形态不同					
中国职场惯例					
生活成本					

4. 如果留在中国工作，你希望选择的地区：

A. 发达地区　B. 中等发达地区　C. 不发达地区　D. 无地域要求

5. 以你目前的学历，你期望在中国工作的年收入应该是多少（人民币）：

A. 6 万～10 万　B. 10 万～20 万　C. 20 万～40 万　D. 40 万以上

6. 如果留在中国工作，你期望在哪种行业工作：（选 2 项）

A. 学校医院等事业单位　B. 制造业　C. 电子信息业　D. 地产金融业

E. 文化旅游业　F. 国际贸易　G. 包括律师、会计师、审计师等在内的新兴

服务业　H. 餐饮服务　I. 自主创业，具体行业根据市场决定　J. 翻译

K. 其他

7. 如果留在中国工作，你希望在哪种单位工作：（选 2 项）

A. 行政事业单位　B. 中国国有企业　C. 你的国家在中国投资的企业

D. 其他外商独资企业　E. 中外合资企业　F. 中国民营企业

8. 你从哪些地方了解在中国就业（创业）的信息：（选 3 项）

A. 你的国家的网站　B. 中国网站　C. 自媒体或者社交平台　D. 同学、

老师、亲友介绍　E. 招聘会　F. 电视、广播、报纸等传统媒介　G. 其他

（如商业性中介等）

9. 你认为中国各级政府在支持东盟留学生在中国工作方面最应该做什

么：（可多选）

A. 为东盟留学生提供较好的住房、养老和医疗保障，创造公平公正的社

会环境

B. 你的职业资格在中国得到认可，不需要在中国另外考试

C. 设立针对东盟留学生创业的培育平台（孵化器）

D. 设立东盟留学生创业扶持基金，提供创业贷款

E. 为东盟留学生提供实习实践机会，适应中国创业环境

10. 你认为你的国家在支持你在中国工作方面最应该做什么：（可多选）

A. 与中国维持友好合作关系，为留学生在华工作提供良好的国际关系

背景

B. 与中国签署双方就业资格互认协议

C. 与中国开展经常性的青年文化交流

D. 为你在中国创业提供创业扶持基金

E. 与中国合作，在中国设立产业合作园区，以国家名义推荐你在中国工作

F. 国家出面与中国协商，为你争取学习期间的实习实践机会，适应中国就业创业环境

第四部分　附加选择

1. 如果你不愿意在中国工作，回到你的国家后愿意从事与中国的跨境电子商务吗？

A. 非常愿意　　　B. 愿意　　　C. 一般　　　D. 不愿意　　　E. 非常不愿意

2. 如果你不愿意在中国工作，在中国学习期间愿意参加学校开设的电子商务课程吗？

A. 非常愿意　　　B. 愿意　　　C. 一般　　　D. 不愿意　　　E. 非常不愿意

第五部分　问答题

1. 你在中国的生活、学习、工作最大的感受是什么？

2. 你在中国求职就业时最希望得到什么帮助？

■ 参考文献

[1] 全克林．浅议东盟来华留学生中国文化认同的提升途径 [J].广西青年干部学院学报，2018，28（2）：12－14＋18.

[2] 王喜娟，朱艳艳．中国—东盟高等教育合作特点及其发展空间 [J].高教发展与评估，2019，35（3）：1－7＋109.

[3] 覃玉荣，周敏波．东盟留学生跨境适应研究——基于文化距离的视角 [J].复旦教育论坛，2013，（4）：80－85.

[4] 全克林．面向东盟来华留学生的中国价值观传播路径构建 [J].百色学院学报，2019，32（1）：78－82.

[5] 汤晓山，罗奕，雷盛廷．东盟国家青年留学生对中国文化的认同探析 [J].新闻研究导刊，2018，9（17）：14－15＋17.

[6] 韦倩．数说"中国—东盟教育交流周"十年成果 [J].当代贵州，2017，（28）：19.

[7] 蔺映真，刘方舟．东盟留学生在华创业的路径与策略 [J].现代商贸工业，2015，36（21）：59－61.

[8] 周丽华．在桂高校东盟留学生跨文化教育策略探析——以广西民族大学为例 [J].民族教育研究，2018，29（1）：123－128.

[9] 陶燕．东盟留学生跨文化适应的影响因素的调查分析——基于广西东盟留学生的个案研究 [J].集宁师范学院学报，2015，37（2）：73－77.

[10] 覃玉荣, 周敏波. 东盟留学生跨境适应研究——基于文化距离的视角 [J]. 复旦教育论坛, 2013, 11 (04): 80 – 85.

[11] 熊智伟. 东盟留学生跨文化适应问题实证研究——基于南昌高校东盟留学生的调查 [J]. 上饶师范学院学报, 2018, (1): 109 – 115.

[12] 王毅凤. 东盟留学生的跨文化交友困难总结 [J]. 现代交际, 2017, (13): 26 – 28.

[13] 梁泽鸿, 全克林. 广西东盟来华留学生的交际焦虑及疏导 [J]. 玉林师范学院学报, 2016, (1): 136 – 139.

[14] 梁泽鸿. 东盟来华留学生的跨文化适应困难分析——以广西高校的东盟留学生为例 [J]. 才智, 2015, (33): 34.

[15] 廖兴存. 外国留学生在华非法就业规制研究 [J]. 江苏警官学院学报, 2017, (5): 83 – 88.

[16] 蒋晓凤, 张双双, 莫贤蓉, 唐素范. 广西东盟国际会计专业学生就业现状分析及对策 [J]. 中国乡镇企业会计, 2016, (12): 204 – 205.

[17] 魏敏. 新时期外籍高校毕业生在华就业问题研究 [J]. 管理观察, 2017, (9): 110 – 112.

[18] 宋阳君. 泰国留华学生就业影响因素研究 [D]. 南宁: 广西大学, 2018.

[19] 曲佳. 试论在华外国留学生人才引进机制的构建 [D]. 北京: 中国人民公安大学, 2017.

[20] 张果. 广西东盟留学生毕业留华意向的影响因素研究 [D]. 桂林: 广西师范大学, 2018.

[21] 外国人在中国就业管理规定 [EB/OL]. 人民网, 1996 – 1 – 22.

[22] 高等学校接受外国留学生管理规定 [EB/OL]. 中华人民共和国教育部官网, 2000 – 1 – 31.

[23] 中华人民共和国外国人入境出境管理条例 [EB/OL]. 中华人民共和国中央人民政府官网, 2013 – 7 – 12.

[24] 中共中央办公厅国务院办公厅印发《关于加强外国人永久居留服务管

理的意见》[EB/OL].新华社官网，2016 – 2 – 18.

[25] 人力资源社会保障部外交部教育部关于允许优秀外籍高校毕业生在华就业有关事项的通知 [EB/OL].中华人民共和国人力资源与社会保障部官网，2016 – 2 – 18.

[26] 第六届来华留学人才招聘会在广州举办 [EB/OL].中国网，2018 – 12 – 24.

[27] 广西壮族自治区人民政府关于印发广西创新计划（2011 – 2015 年）的通知 [EB/OL].中国网，2011 – 11 – 23.

[28] 中国 – 马来西亚钦州产业园区条例 [EB/OL].广西壮族自治区人民政府官网，2017 – 7 – 28.

[29] "我想留在中国工作"——外国留学生的在华就业之路 [EB/OL].光明网，2017 – 11 – 29.

[30] 广外学子闯东盟，创新创业结硕果——广西外国语学院举行泰国"广外一条街"揭牌仪式 [EB/OL].广西外国语学院官网，2016 – 12 – 27.

后　记

　　开展东盟留学生在华就业创业意愿调查与分析是我多年以来的夙愿，如今顺利完成并付梓出版，既了却了我的心愿，同时，也将开启崭新的、更深主题的研究历程。

　　创新创业教育是近年来高校人才培养的一个新兴领域，而在华留学生创新创业教育更是这一新兴领域中的"新生事物"。从事创新创业教育多年，在开展双创课程研发、师资队伍培养、赛事活动组织、双创平台建设的同时，我也尝试在东盟留学生中开设双创课程和东盟跨境电商训练营，在开展这些活动的过程中，我总是在思考这些问题：在华留学生回国就业创业是否是其必然的、唯一的选择？留学生是否愿意留在中国就业创业？留学生在华就业创业能为双边关系带来什么效应？我们该如何看待和接受留学生的选择？同时，我们又能为他们做些什么？带着这些问题与思考，我开始关注留学生人才培养计划的实施与培养成果的反馈，并在与留学生交流与座谈的过程中，有意识地与他们谈论这些话题，并从广西师范大学留学生中得到了肯定的答案。

　　广西师范大学是中国大陆接收东盟留学生最多的高校之一，与广西相邻的云南、贵州也是东盟留学生集聚的重点区域。通过调研及访谈，我了解到，相比于东盟大多数国家的经济社会条件，留学生如能在中国大陆就业创业，应该是一个较好的选择。有了这些感性和直观的认识，我开始思考如何将留学生在华创业就业提升到双创研究层面。就此，我与本报告合作者——

广西师范大学经济管理学院的刘澈元教授一拍即合。刘教授近几年连续开展台湾青年赴大陆就业创业意愿调研，在创业意愿调查分析方面有成熟的研究模型及数据分析经验，我们的合作也因之顺利启动。

本项研究得以顺利实施，还应归功于广西师范大学副校长、博士生导师林春逸教授的支持与指导。林副校长对广西师范大学创新创业学院东盟留学生双创教育及本次问卷调查给予大力支持，并为本项研究与合作的开展提供了充足的动力。同时，也要感谢广西人文社会科学发展研究中心副主任、博士生导师徐毅教授，他对本次问卷调查和报告出版给予了长期关注和鼎力支持。感谢广西师范大学电子工程学院罗晓曙教授对我本人在双创教育研究方面的指导和帮助。感谢广西师范大学经济管理学院苏毓敏教授、张晋山副教授协助设计问卷，组织实施本次问卷调查，并提出诸多建设性建议。感谢广西师范大学创新创业学院杨日星、廖芳、黄娜娜老师到各调研高校指导东盟留学生填写、收集、整理问卷。感谢广西师范大学国际文化教育学院院长李冬梅教授、广西民族大学创新创业学院院长李大庆、广西艺术学院国际交流处处长赵克、南宁师范大学创新创业学院许舒婷老师、贵州理工学院创新创业中心主任顾亚丽、红河学院招生就业处处长佟光星在调查实施中提供的配合和支持。同时，我也要感谢问卷调查和数据统计、数据分析中付出辛勤劳动的校内外众多学子。感谢厦门大学台湾研究院博士研究生刘方舟、王辉辉、陈泽光、包圆圆，广西师范大学经济管理学院硕士研究生宋丽萍、傅强生、刘茂华、黄杰伟，广西师范大学教育学部硕士研究生扶莎，湖南省委党校硕士研究生王帆。他们在老师的指导下，始终参加本研究团队并分工承担问卷调查、主题访谈、数据统计、数据分析、报告撰写等多项任务。本研究报告中凝结了他们辛勤的汗水。

蒙志明

2019 年 7 月 27 日

图书在版编目（CIP）数据

东盟留学生在华就业创业意愿调查报告：基于对滇黔桂三省区303名东盟留学生的问卷调查与主题访谈 ／ 蒙志明著． -- 北京：社会科学文献出版社，2019.10

（广西师范大学海上丝绸之路研究丛书．智库成果系列）

ISBN 978 - 7 - 5201 - 5495 - 6

Ⅰ.①东…　Ⅱ.①蒙…　Ⅲ.①东南亚国家联盟 – 留学生 – 创业 – 问卷调查 ②东南亚国家联盟 – 留学生 – 职业选择 – 问卷调查　Ⅳ.①G648.9 ②D669.2

中国版本图书馆 CIP 数据核字（2019）第 192289 号

广西师范大学海上丝绸之路研究丛书·智库成果系列

东盟留学生在华就业创业意愿调查报告
——基于对滇黔桂三省区303名东盟留学生的问卷调查与主题访谈

著　　者／蒙志明

出 版 人／谢寿光
组稿编辑／周　丽　王玉山
责任编辑／王玉山

出　　版／社会科学文献出版社·经济与管理分社（010）59367226
　　　　　　地址：北京市北三环中路甲29号院华龙大厦　邮编：100029
　　　　　　网址：www.ssap.com.cn
发　　行／市场营销中心（010）59367081　59367083
印　　装／三河市龙林印务有限公司

规　　格／开　本：787mm × 1092mm　1/16
　　　　　　印　张：4.75　字　数：66千字
版　　次／2019 年 10 月第 1 版　2019 年 10 月第 1 次印刷
书　　号／ISBN 978 - 7 - 5201 - 5495 - 6
定　　价／79.00 元